no
idea
?

here are 365+
ways to find a new one

here are 365+
**ways to
find a new one**

Was zwischen dem Fotografen Arnd Ötting und seiner Assistentin und Mitarbeiterin Trúc als Spaß bei der Lichtsetzung begann, wurde schnell ein ernsthaftes, aber nicht minder spaßbringendes Projekt: ein Fotograf, ein Modell.

Klingt einfach. Doch wie viele Ideen kann man aus so einer Vorgabe kreieren? Von beiläufigen Schnappschuss-Situationen bis zu aufwändigeren Inszenierungen – inklusive einiger Selbstzitate in bestimmten Themenbereichen. Das Ziel waren 365 Fotografien. Sie sollten möglichst viele verschiedene Aspekte beinhalten und quasi ein ganzes Jahr abdecken.

Weil Arnd Ötting nicht nur ein außergewöhnlicher Fotograf, sondern auch ein hervorragender Lehrer (mit Hang zur Selbstironie) ist, wurde etwas mehr daraus:

Ein spannender Ratgeber für Kreative aller Art. Ein Nothelfer bei Schreibblockaden.
Ein ungewöhnliches Fotobuch mit Mehrwert. Ein Handbuch für Ideensucher. Ein Coffee Table Book, das Probleme lösen helfen kann – oder auch erst schafft.

no idea?

Manual
Gebrauchs-
anleitung

Wenn du als Kreativer gerade mal wieder eine kleine Blockade hast: Hier kannst du einfach blättern, etwas Abstand finden und dir vielleicht die eine oder andere klitzekleine Banalität zum Thema Kreativität wieder in Erinnerung rufen. Man vergisst ja schnell mal was.

Und ja klar: Wirklich neu sind die geistigen Ergüsse hier nicht, aber vielleicht helfen sie doch gerade weiter oder bringen zumindest etwas Abstand zwischen dich und dein Leben.

Oder um es in der Werbesprache der letzten Jahre zu sagen: Schreib die Regeln einfach neu; für das Beste im Mann; für Frauen, die sich trauen, ganz Frau zu sein; sei einfach du selbst; genau, wie ich; es steckt längst in dir; du bist anders; geht nicht, gibt's nicht; nichts ist unmöglich; der Moment gehört dir; ich will so bleiben, wie ich bin; sprich die Sprache deines Körpers; und so weiter.

Egal. Dahinter steckt immer ein kluger Kopf!

no idea?

003 / 365

support
Unterstützung

Hol dir unbedingt
Unterstützung,
wenn es nötig ist.
Wenn die Hilfsmittel
allerdings wirklich
peinlich werden,
schau einfach so
cool dabei aus,
dass es keiner merkt.

get an overview

Verschaff' dir erst mal einen Überblick.

Von oben sehen alle Probleme kleiner aus. Außer die großen. Und für die gibt es ja das passende Werkzeug zum Kleinermachen.

01
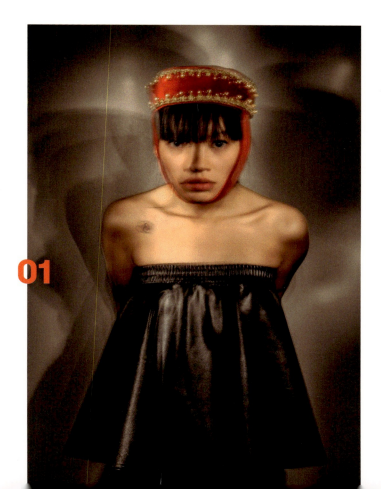

no idea?

use your brain

Denken hilft.

Greif doch einfach auf deine Erfahrungen z. B. als Werftarbeiter zurück. Wie? Du hast nie auf einer Werft gearbeitet? Egal, ein Schiff bauen kann jeder. Und Schiffe versenken sowieso.

02

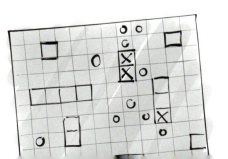

have a break

Mach mal Pause!

03

Wie macht die Uhr? Tik tak? Oder kit kat? Bevor deine Witze auch so flach werden: Gönn dir unbedingt eine Pause.

ease of mind

Innere Ruhe.

Ob Meditation, natürliche Bescheidenheit oder der Glaube an Gold, Konsum und Luxus. Hauptsache, du glaubst an dich. Noch besser, die anderen glauben an dich.

no idea?

no rules
Keine Regeln.

Diese Regel sollte
gut beachtet werden.

no idea?

listen to others
Auch mal zuhören.

Und dann gleich freundlich den Kopf schütteln.

04

no idea?

stir the pot
Bring Schwung in die Sache!

Dreh das ganz große Rad und trage dick auf. Und dann tu so, als ob das für dich ganz normal wäre.

do look back

Die Zukunft liegt in der Vergangenheit.

Suche Inspiration in der Geschichte und transportiere sie in die Zukunft, bis du Licht am Ende des Tunnels siehst.

no idea?

Mardi Gras
Karneval

Schenkelklopfer-
witze verursachen
dir Migräne?
Mir auch.

06

no idea?

no idea?

**the journey
is its
own reward**

**Der Weg ist
das Ziel.**

Dass sinnloses
Herumrennen das
Ziel sein soll, ist
eine der genialsten
Kampagnen der
Werbegeschichte.
Dazu kann man
nur gratulieren!
Herzlichen Glück-
wunsch.

dual control

Vier Augen sehen mehr, als zwei.

Drüberschauen, durchblicken, genau schauen. Ganz genau. Aber mach die Probleme auch nicht größer, als sie sind.

check it out

Erstmal nachdenken.

Vielleicht entpuppt sich ja ein Lichtkegel von oben als zwei Schatten von unten.

no idea?

no idea?

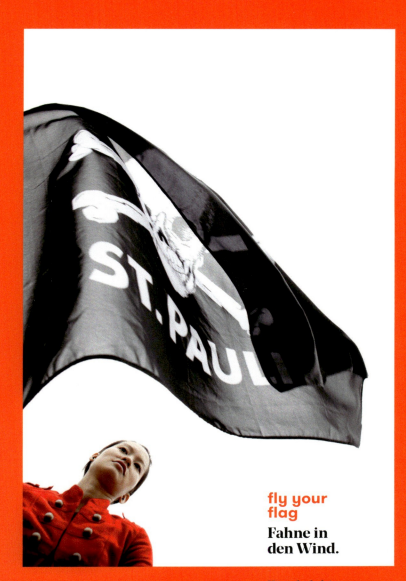

fly your flag

Fahne in den Wind.

Häng doch deine Fahne einfach in den Wind. Machen die anderen doch auch. Such dir halt eine, die nach Rebellion aussieht, dann merkt man das nicht so.

upside down under

Obendrunter

Dinge, die für die Südhalbkugel produziert wurden, kann man auf der Nordhalbkugel ganz anders einsetzen!

... und umgekehrt!

the beauty of life

Die Schönheit des Lebens.

Innerliche Schönheit – was soll denn das bitte sein? Oder Schönheit kommt von innen. Von innen? Von der Leber oder vom Dickdarm? Lass dir nichts einreden. Schönsein ist keine Schande. Es ist einfach nur Pech. Für die anderen.

no idea?

keep it simple

Bleib am Boden.

Wenn du mit deiner kreativen Arbeit etwas bewegen willst, muss es verständlich sein. Oder du tauchst ab und freust dich alleine darüber. Dann ist es halt für die Fisch.

no idea?

step back
Nimm dich zurück.

Dein Ego ist nicht so wichtig, es geht um die Idee. Werde unsichtbar. Und dann schau, dass man dich wenigstens hört.

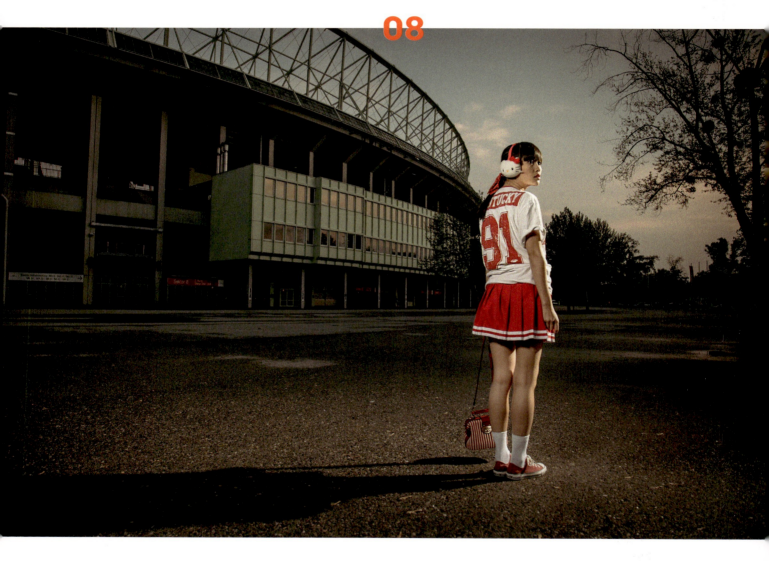

08

feeling lonely

Einsam und allein.

Fühlst du dich mit deiner Idee unverstanden und alleingelassen? Ok, sieh's ein: One man army!

no idea?

no idea?

guidelines
Hilfslinien

Linien sind prima zum Orientieren und Festhalten. Wer's braucht.

pokerface
Mensch-ärgere-dich-nicht-Gesicht

Ob es in dir brodelt oder du dich langweilst. Deine Gefühle gehören dir.

no idea?

no idea?

sometimes up, sometimes down

Mal rauf, mal runter.

Wenn es rauf geht, geht's auch irgendwann wieder runter. Immer. Blöd eigentlich.

run right into it

Renn voll rein!

Wenn man sich voll reinhaut, kann man auch mal wo dagegenlaufen. Oder hinfallen. Aber komm dann bloß nicht mit diesem Kalenderspruch.

no idea?

high striker

Hau den Lukas!

Zeig ruhig mal, dass du auch weißt, wo der Hammer hängt. Aber immer mit einem Lächeln.

pedal to the metal
Vollgas!

Entweder du bist schneller, als die anderen oder du hast sehr große, starke Freunde. Oder du hast das alles nicht nötig und lässt (dich) fahren. Hauptsache du bist vorne.

just keep calm
Immer schön ruhig bleiben.

Wenn die Erschütterungen so groß sind, dass du nicht einmal mehr weißt, wie du heißt: Ruhe ist dein zweiter Vorname. Und Innere dein erster. (Nachname: Schaumvormmund)

no idea?

09

outdoor activites

Geh raus!

Man kann auch draußen arbeiten und lernen. Fahr doch mal raus (vor die Tür) und versorge das Hirn mit frischer Stadtluft.

no idea?

photo police
Fotopolizei

Man kann fotografieren, bis die Polizei kommt. Kunst braucht keine Genehmigung. Höchstens gute Ausreden. Oder du bist einfach nur schnell.

let go

Man muss auch mal loslassen können.

Krall dich ruhig rein – in was auch immer. Irgendwann musst du sowieso alles wieder loslassen.

no idea?

let it grow
Reifeprozess

Wenn eine Idee reifen und wachsen soll, braucht sie Wärme. Setz dir was auf, Kind!

no idea?

thin ice
Dünnes Eis

Wenn es für absurdes Theater zu heiß wird: Bleib cool.

white wall or flower field?

Weiße Wand oder Blumenfeld?

Egal, wie eng die Vorgaben sind. Tu einfach so, als ob du dich anpassen willst.

no idea?

no idea?

beware of mis-judgements
Höre nicht auf falsche Prognosen.

„Mehr als 640 Kilobyte Speicher werden Sie nie benötigen." Blöd nur, dass Aussagen, die die Zukunft betreffen die Zukunft betreffen.

coming out of the dark

Komm aus dem Dunkel.

Je dunkler und düsterer dein Umfeld, umso mehr kannst du leuchten. Und umso eher merkt das überhaupt jemand.

no idea?

no idea?

act busy
Immer schön beschäftigt tun.

Auch wenn gerade mal nichts los ist: Stirn in Falten und wild auf dem Handy tippen. Aber aufpassen, dass es nicht nach gaming aussieht. Oder tindern.

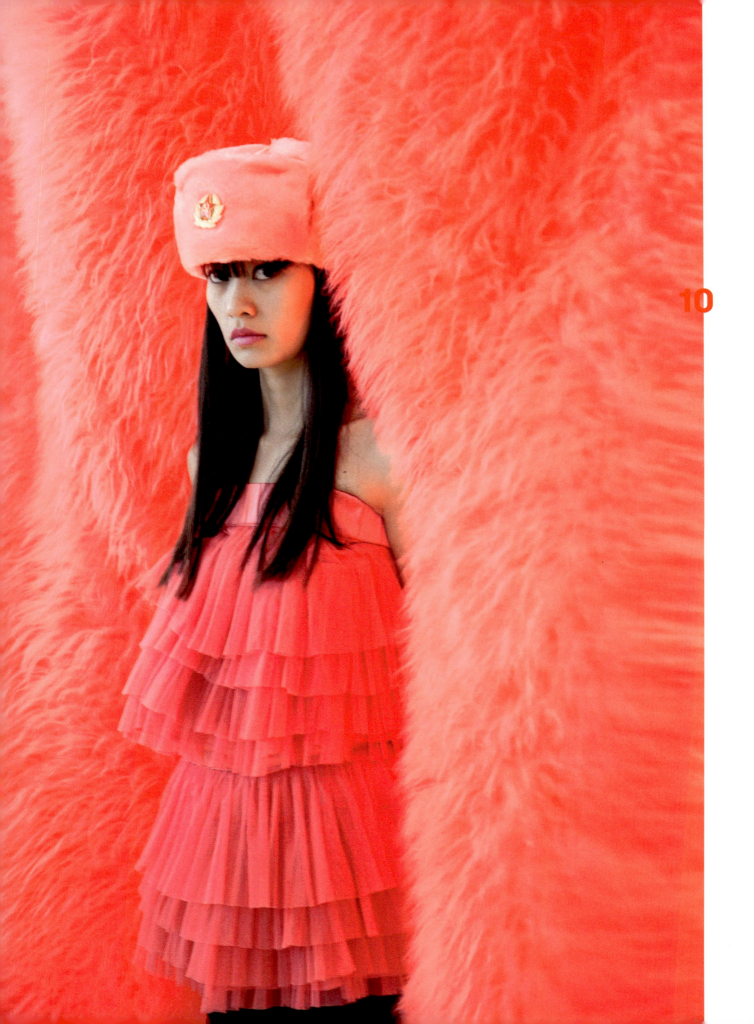

no idea?

strange attractor

Seltsamer Attraktor

Manches fällt auf, weil es einfach schreit oder sich als nicht-ganz-zahlige Dimension in sich selbst wiederholt. Anderes nicht. Fraktal.

walk on green

Grün beruhigt.

Billige psychologische Grundregel: rot macht aggressiv und grün beruhigt. Immer wieder gern gesehen, dass sich jemand bei einer roten Ampel aufregt oder andere bei Grün einfach nicht losfahren.

no idea?

beam me up
Strahl mich rauf!

Wenn du mit deinen
Ideen schon nicht
ins All fliegen kannst,
beam dich doch in
andere hyperbolische
Galaxien.
Aber achte auf die
molekulare Struktur.

loose lips sink ships

Reden ist Silber, Schweigen ist Gold.

Wenn du nichts zu sagen hast, hör auf Master Yoda: Up the shut fuck you must!

no idea?

no idea?

attitude
Haltung

Was für die Unterstützung gilt, gilt auch für deine Haltung. Und wenn immer noch jemand blöd schaut, schau einfach mit einem Hauch von Verachtung zurück.

no idea?

scrutinise
Hinterfragen wagen!

Auch wenn es jahr-
hundertelang immer
in die gleiche Rich-
tung ging und alle
sind dorthin gegan-
gen. Vielleicht ist
da ja auch was dran.

collect your ideas

Sammle Ideen.

Wenn du nicht weißt wohin mit all deinen Ideen: erstmal irgendwo klein sammeln und warten, bis sie groß werden.

no idea?

just wait
Abwarten, auch ohne Tee.

Manchmal muss man Dinge einfach aussitzen, egal ob Krankheit, Konfessionen, Klima oder Kleidung.

think big
Größer Denken!

Schau auch über den Seitenrand hinaus. Du hast es in der Hand. Oder es liegt schon offen vor dir.

lifestyle
Lebensstil

Wenn du mal wieder etwas Exaltiertes erklären musst: Nenn es einfach deinen Lebensstil. Maximum existence – oder so was in der Art.

defend yourself

Wehr dich!

Was oder wer auch immer versucht dich zu okkupieren. Wehr. Dich. Es gibt nur eine Schönste im ganzen Land.

no idea?

no idea?

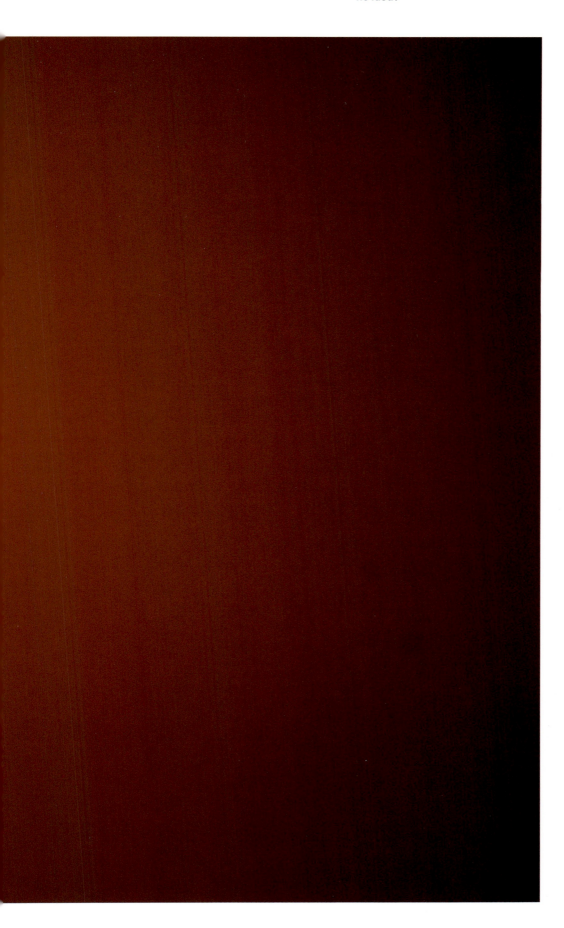

**focus
(to the point)**

Konzentriere dich auf das Wesentliche.

Blende alle Ablenkungen aus und bringe es auf den Punkt. Das sollte eigentlich ganz schnell gehen. Mathematisch gesehen hat der keine Ausdehnung und Raum und Zeit sind angeblich dasselbe (Punkt)

trends
Moden

Nichts sieht morgen so alt aus, wie das, was heute noch total in ist. Bis es übermorgen neu ist.

live your dreams

Lebe deine Träume.

Mach die Nacht zum Tag und setze deine Tagträume einfach um. Bilder entstehen im Kopf. Oder mit der Kamera.

13

no idea?

think pink
Rosa Prosa

Wer braucht schon eine rosarote Brille, wenn man die ganze Welt rosarot gestalten kann?

swim upstream

Geh nicht immer mit der Zeit.

Wenn du alle Moden mitmachst und bist wie alle andern, gehst du schnell im Ozean der Gleichförmigkeit unter. Und die wenigsten Wracks sind je wieder aufgetaucht.

no idea?

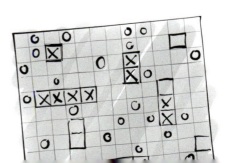

dancing around the black hole

Tanze um das schwarze Loch.

Wenn du gerade gar keine Ideen hast, tanze einfach am Rand des Ereignishorizonts. Ist normal, wenn dabei nichts rauskommt. (Die suchen auch immer noch nach der Hawking-Strahlung.)

no idea?

a wolf in sheep's clothing

Wolf im Schafspelz

Mach doch einen auf liebes, kleines Rotkäppchen. Wenn es dir dann irgendwann reicht, zeig die Zähne.

mask mode
Maskierungsmodus

Man muss ja nicht immer alles von sich preisgeben. Schon gar nicht seine Gefühle. Und im Kino (bei Titanic) ist es ja eh dunkel.

no idea?

it's cold out there
Frostige Zeiten

Zieh dich warm an, die Welt ist kalt und rau. Und wenn du mal aneckst, weil du zu schnell warst oder gegen einen Eisberg geknallt bist, bist du wenigstens gut gepolstert.

no idea?

distract yourself
Lenk dich ab.

Abstand kann guttun. Ob du mal kurz einer banalen Alltagsbeschäftigung nachgehst, etwas Absurdes veranstaltest oder dich kurz mal stark oder schön fühlst. Und dann wieder voll rein ins Problem.

no idea?

**little strokes
fell big oaks**

Steter Tropfen höhlt den Stein.

Zur Not einfach auf bewährte Sprichworte zurückgreifen oder besser mit eigenen die Welt täuschen: und scheint die Aufgabe auch noch so groß, irgendwann ist jeder Parkplatz voll! Oder so.

no idea?

all in good time

Alles zu seiner Zeit.

Anpacken, ausruhen, die Welt retten oder auf Entdeckungsreise gehen. Mach doch einfach, was du willst. Machst du doch sowieso …

no idea?

stay mysterious

Bleib geheimnisvoll.

Halb Schatten oder halb Licht? Extrovertiert ist gut. Introvertiert auch. Aber nur, wenn du's auch rauslässt.

don't copy yourself

Wiederhole dich nicht!

Halb Schatten oder halb Licht? Extrovertiert ist gut. Introvertiert auch. Aber nur, wenn du's auch rauslässt.

16

no idea?

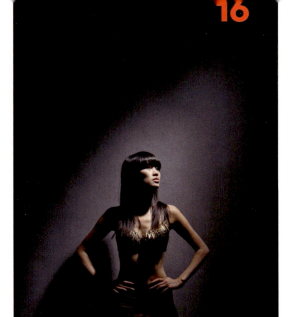

17

one way or return?

Einfach oder hin und zurück?

1. Wenn mehrere involviert sind.

2. Sollte wenigstens die Richtung abgesprochen sein.

3. Denn wer oben sitzt, hat die Füße nicht am Boden.

4. Weil schwarz nicht weiß ist.

5. Merke: Alles ist auf Sand gebaut.

butterflies in your stomach?

Schmetterlinge im Bauch?

Wenn du schon so ein gutes Bauchgefühl hast, dann lass es raus. Aber schau, dass es nicht davonfliegt.

no idea?

try extreme
Trag dick auf!

Entweder den Mund oder die Augen betonen? Aus welchem Ratgeber ist das denn? Erst mal bis zum Anschlag drehen. Feinjustieren ist was für Angsthasen!

no idea?

no idea?

boredom
Langeweile

Auf Polaroids musste man warten, bis man einen Bart hatte. Manchmal sogar einen langen. Aber Langeweile ist wichtig. Handys und Facebook sind dagegen.

fight!
Kämpfe um deine Ideen!

Du glaubst als Einzige an den Weihnachtsmann? Es ist aufreibend und schweißtreibend, andere davon zu überzeugen. Aber gut.

complementary
Komplementär

Die Kunsttheorie:
Farben neben
neutralen Tönen
assoziieren
Komplementär-
farben.
Der Verfasser:
Das kann man
einfacher haben.

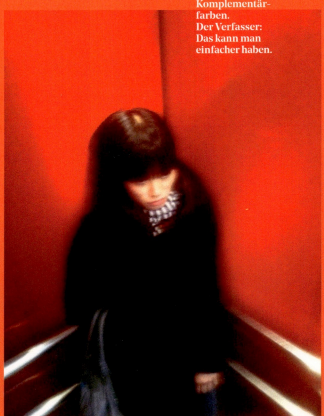

**indeter-
minacy
principle**

Unschärfe-
relation

Alles ist relativ. Auch Schärfe. Frag den Inder. Oder Heisenberg. Den vor Breaking Bad.

no idea?
Keine Idee?

Wenn dir nichts Passendes einfällt, mach einfach ein Ablenkungsmanöver – so wie hier. Da kann man sich einfach mal kurz sammeln, wenn es zu ergreifend wird.

someone is backing you

Steht jemand hinter dir?

Es ist immer gut, wenn jemand hinter dir steht. Wenn nicht, dann such woanders Halt.

no idea?

keep moving

Bleib in Bewegung.

Wenn man sich bewegt, kann man gut denken. Ich denke, wenn man sich nicht bewegt, aber auch.

no idea?

horizon

Horizont

Eng dein Denken nicht ein. Geh raus und erobere die Welt. Oder wie Herr Einstein meinte: „Der Horizont der meisten Menschen ist ein Kreis mit Radius null. Und das nennen sie dann ihren Standpunkt."

nothing's too stupid

Für nichts zu blöd.

Aluhut ist gut —
gegen alles von oben.
Fellstiefel sind gut —
gegen alles von unten.
Und normal ist gut.
Gegen Konformität.

colour up your life
Bring Farbe in dein Leben.

Wenn du statt mit kräftigen Farben nur mit Pastelltönen hantieren kannst, dann erhöhe vielleicht die Dosis. Wenn das auch nicht richtig funktioniert, probiere Bewegung, anstatt Farbe in dein Leben zu bringen.

role playing
Rollenspiele

Denk dich in verschiedene Rollen: ob Hausbesorgerin, Burgherrin oder Försterin. Je absurder, desto besser. Ein Milchmädchen hat schließlich kaum jemand im Garten und auf der Rechnung schon gar nicht.

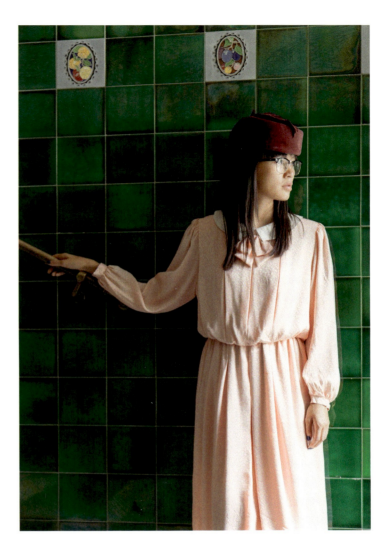

listen
Zuhören

Die meisten Menschen lieben Zuhörer, weil sie selbst so gerne reden. Es muss sich auch schließlich nicht immer alles um dich drehen. Und wenn's mit dem Zuhören zu viel wird, mach innerlich einfach zu.

no idea?

with your eyes only

Mit deinen Augen.

Vielleicht solltest du dein Problem mal mit anderen Augen betrachten. Und auch nicht immer nur schwarz oder weiß sehen.

show
Auffallen, egal wie.

Manche Ideen bestehen einfach nur aus heißer Luft. Wenn man diese aber ordentlich durcheinanderwirbelt, kann trotzdem was Herzeigbares dabei rauskommen. Oder etwas Peinliches.

another break in the wall

Noch eine Pause.

Ob du in der Pause gerne einen Kaffee hast oder den Vierfüßler machst. Ob du die Sonne genießt oder im Hausflur einen guten Eindruck machst: Zwischen den Pausen ist immer noch genug Zeit zum Arbeiten.

no idea?

22

let them think you think

Lass sie glauben, du denkst nach.

Wenn dir gerade gar nichts einfällt, fummle beiläufig an deinen Sachen rum. Das sieht immerhin so aus, als würdest du nachdenken.

all roads lead to rome

Viele Wege führen nach Rom.

Stimmt eigentlich nicht! Alle Wege führen nämlich nach Rom. Nur fast keiner direkt. Aber man kommt sonst auch überall hin. Erstmal nachdenken, ob man überhaupt nach Rom will.

no idea?

looking good

Immer gut dabei aussehen.

Auch wenn man mal nur rumsteht und sonst wirklich gar nichts macht. Man sollte dabei gut aussehen. Dann fällt's nicht so auf.

no idea?

don't pretend
Verstell dich nicht!

Bleib, so wie du bist, außer du findest dich richtig Scheiße. Dann ändere das halt.

no idea?

no idea?

hide
Nur nicht auffallen.

Und manchmal muss man dann fast eins werden mit der Umgebung.

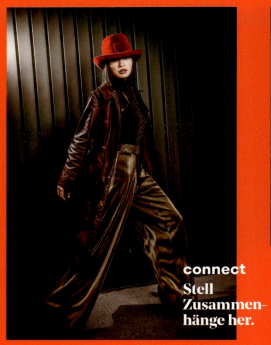

connect

Stell Zusammen-hänge her.

Wenn du Dinge nicht logisch zusammen-fügen kannst, zieh die Zusammenhänge an den Haaren herbei: Rothirsch, Rotkäpp-chen, Rotbuschtee. Und dann nenne es roter Faden.

no idea?

change of scene

Tapetenwechsel

Schau, dass du raus kommst. Mal woanders hin. Da ist es auch nicht wirklich besser, aber wenigstens anders.

no idea?

one way
Einbahnstraßen

Denk bloß nicht eingleisig. Oder in Einbahnstraßen. Es gibt schließlich viele Wege, Prinzessin zu spielen.

don't give up

Nur nicht locker lassen.

Wenn man ein noch so zartes Pflänzchen lange genug gießt, wird vielleicht doch noch ein großer Baum daraus. Oder ein See.

winning is not important

Siegen ist nicht wichtig.

Aber dabei sein und gewinnen.

no idea?

techno
Technokratie

Ob 70er Jahre Techno in London (Great Britain) oder 70er Jahre Technokratie in Ostberlin (Deutsche Dechnokratische Republik). Sei vorsichtig mit Symbolik, Geschichte rächt sich.

no idea?

wild life
Wildes Leben

Zwischen Indoor-Schneeleoparden-Safari und Outdoor-Birdwatching: Tanze nicht hinter den Gitterstäben, tanze davor. Und hab keine Angst vor dem Herstellen absurder Zusammenhänge. Die Zusammenhänge sind frei.

no idea?

point of view

Standpunkt

Ob du nun mitten drin bist, oder nur dabei — Hauptsache oben.

humbug
Humbug

Unsinn ist eine sehr ernste Sache. Sagt jeder Clown. Und Humor ist, wenn man's trotzdem macht.

no idea?

no idea?

relax
Entspann dich.

Wenn dich nichts und niemand aus der Ruhe bringen kann, hast du eigentlich schon gewonnen.

23

bored superiority

Gelangweilte Überlegenheit

Auch wenn du dich allen anderen haushoch überlegen fühlst. Wenn du das zu deutlich zeigst, hast du bald keine Freunde mehr. Aber spüren lassen kannst du sie's schon.

no idea?

public ideas

Ideen gehören allen.

Volkseigentum.
Eigenmächtige
Entnahme von
Ideen ist verboten.
Kombinat i.d.n.

no idea?

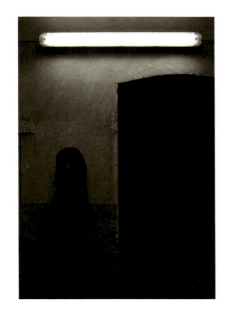

don't talk about the weather

Wettergerede

Wenn du echt nicht mehr weißt, worüber du noch reden könntest, dann bitte wenigstens nicht übers Wetter. Bleib einfach zu Hause.

no idea?

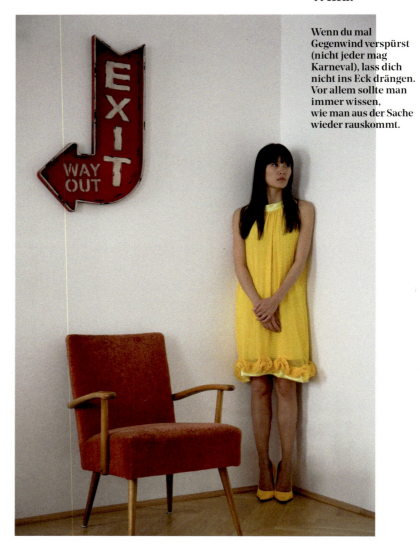

opposing winds

Gegen den Wind.

Wenn du mal Gegenwind verspürst (nicht jeder mag Karneval), lass dich nicht ins Eck drängen. Vor allem sollte man immer wissen, wie man aus der Sache wieder rauskommt.

no idea?

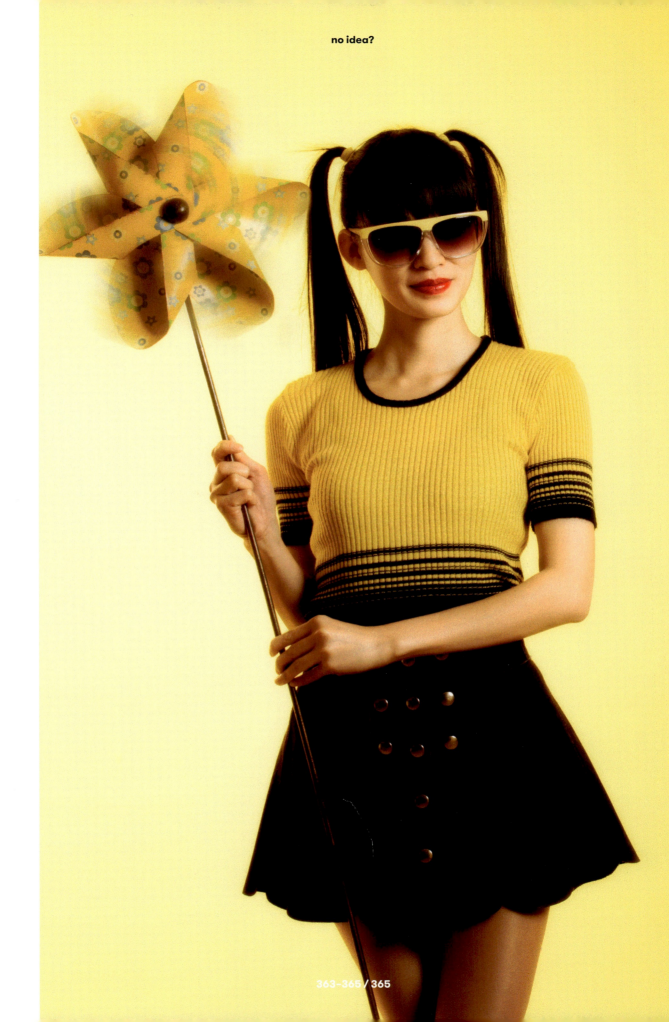

how
to find

Index
004 — 101

no idea?

how to find

Index
102—199

102—103

104—105

106—107

108—109

110—111

112—113

114—115

116—117

118—119

120—121

122—123

124—125

126—127

128—129

130—131

132—133

134—135

136—137

138—139

140—141

142—143

144—145

146—147

148—149

no idea?

about me
Eine sehr persönliche Biografie

Wie das Leben halt so spielt … Eigentlich wollte ich Musiker werden und habe auch schon drei Jahre als Trompeter mein Geld verdient. Nur leider nicht mit der Musik, die mir am meisten Spaß gemacht hat: Funk. Der einjährige Ausflug in einen eher technischen Beruf (Pilot bei Lufthansa) war dann auch nicht gerade das, womit ich mein Leben verbringen wollte. Ich war also schon 22, als ich endlich auf die Idee kam, mich mit Fotografie durchs Leben zu schlagen. Schließlich hatte ich die Fotografie schon seit meiner Kindheit als Ausgleich zur Musik.

Durchs Leben schlagen ist natürlich viel zu hart formuliert, weil ich nie in meinem Leben wirklich viel auszuhalten hatte. Ich wuchs in den sehr spannenden 60er und 70er Jahren in der sehr liberalen Hansestadt Bremen auf, wohlbehütet von toleranten Eltern. Obwohl sie sich selbst beide künstlerisch als relativ talentfrei beschreiben würden, haben sie mich immer dabei unterstützt und ermuntert meinen eigenen Weg zu suchen. Viel bessere Voraussetzungen kann man kaum haben, als ein tolerantes Umfeld mit Unterstützung, ohne dass es dauernd jemand besser weiß.

Also dann Fotografie! In einem noch eingemauerten Berlin begann ich erwartungsvoll, auf der Suche nach Freiheit, eine Ausbildung zum Fotografen. Natürlich in der Annahme, danach in der Welt herumzureisen und Fotos zu machen, wie sie eben diese Welt noch nie gesehen hatte.

Kam dann wieder etwas anders: Durch Werbefotografie im eigenen Studio besaß ich die entsprechende Ausrüstung und genügend Zeit, um auch meine eigenen Projekte zu realisieren. So wie dieses Buch hier. Oder meinen eigenen akademischen Fotografie-Lehrgang an der FH in Sankt Pölten.

Und Funk spiele ich auch noch immer.

thanks
Danke

Ich hatte immer vor, ein Buch aus dem Projekt zu machen, hatte aber irgendwie nicht den richtigen Plan oder die richtige Idee. Daher gilt mein besonderer Dank Michael Spacil und Domink Haider, denn die hatten die Idee zu dem Konzept **no idea?** So entstand die Idee zu **no idea?** eigentlich genau daraus, dass ich keine hatte. Hoffentlich geht es Euch jetzt anders ;-)

imprint
Impressum

Herausgeber:
Arnd Ötting

Bildkonzept:
Arnd Ötting

Buchkonzept:
Dominik Haider & Michael Spacil

Text:
Arnd Ötting & Michael Spacil

Art Direktion / Illustrationen:
Dominik Haider

Fotos:
Arnd Ötting

Lektorat:
Robert Gisshammer

Druck:
DGS GmbH / Buchdrucker.at

Schrift:
GT Walsheim Pro &
Noe Display

Papier:
Condat matt Périgord, 130 g

© 2019 Arnd Ötting
www.arndoetting.com
www.youtube.com/FotografieMitArndOetting
www.fhstp.ac.at

ISBN 978-3-96111-808-3

Arnd Ötting

no idea?

how-to and setups

here are 365+ ways to find a new one

ISBN 978-3-96111-808-3

9 783961 118083

What?
Einleitung zu den Bildbesprechungen

Die praktischen Tipps zur Ideenfindung von Arnd Ötting lassen gewöhnlich genug Freiraum, um selbst auf neue Gedanken zu kommen. Doch manchmal will man es ganz genau wissen.

Dafür gibt es hier zu 24 ausgesuchten Fotos eine detaillierte Beschreibung.

Wo standen die Blitze? Welche Lichtformer wurden verwendet? Wie groß waren die Abstände? Welche Einstellungen wurden gewählt? Welche Zusatzelemente waren im Spiel? Und warum?

Antworten auf diese und viele andere Fragen gibt Arnd Ötting in diesen „Lösungskarten" zu seinen ungewöhnlichsten Sujets.

Nicht nur für Fotografen ein äußerst interessantes und lehrreiches Bonusmaterial.

Verwendete Abkürzungen:

HG Hintergrund
PS Photoshop
CR Camera Raw

Technik

Wenn meine Studenten mich nach technischen Daten zu einem Foto fragen, lautet meine Antwort in der Regel: *„Die richigen bzw. die erforderlichen."* Die Angaben der technischen Werte bringen in der Praxis nichts, wenn man die Zusammenhänge nicht verstanden hat, weil die Gegebenheiten nie die gleichen sein können. Unterschiedlich große Studios, andere Blitzanlagen mit geringfügig unterschiedlichen Lichtformern oder – bei available light – andere Wetterverhältnisse und Tageszeiten etc. führen auch bei gleichen Daten zu unterschiedlichen Ergebnissen. Was eine kurze oder lange Belichtungszeit bedeuten, was die Blitzsynchronzeit ausmacht, welchen Einfluss offene oder geschlossene Blenden haben und wie Licht funktioniert, muss man grundsätzlich verstanden haben. Nur so kann man sinnvoll darüber nachdenken, was wann, warum und wie zu tun ist, um ein bestimmtes Ergebnis zu erhalten. Daher sind die Daten in dieser Broschüre nur als Anhaltspunkte zu verstehen, mit denen man sich an ähnliche Arbeiten herantasten kann, wenn man etwas Entsprechendes ausprobieren möchte.

Bei einigen Aufnahmen kamen spezielle Lichtformer zum Einsatz. Deren Bedeutung wird allerdings oft überschätzt. Gutes Licht kommt immer vom Fotografen und nie von den Lichtformern per se! Verschiedene Lichtformer sparen vor allem Zeit und sind reine Bequemlichkeit. Spezielle Reflektoren oder Lampen kann man praktisch immer durch Improvisation ersetzen und man lernt dabei gleichzeitig sehr viel über das Verhalten von Licht. Details dazu würden aber den Rahmen hier bei weitem sprengen. Mehr auf youtube unter *Arnd Ötting's wunderbare Welt der Fotografie*.

Bildbearbeitung

Es kommt praktisch nie vor, dass ich ein Foto so verwende, wie es aus der Kamera kommt. Die kamerainternen Einstellungen sind nach von Mathematikern erstellten Algorithmen vorgegeben.

Dadurch kommt meistens etwas Brauchbares heraus – aber eben nach ihren gutgemeinten Vorgaben oder nach dem Durchschnittsgeschmack der Consumer. Heutzutage mit Photoshop (benutze ich derzeit) oder Affinity Photo (werde ich wohl in der Zukunft vermehrt einsetzen) haben wir allerdings Tools in der Hand, von denen wir in analogen Zeiten nicht mal zu träumen gewagt haben. Also mache ich praktisch immer Anpassungen in CR für Helligkeit, Farbtemperatur und -stich, Kontrast, lokaler Kontrast, Tiefen, Lichter, Schwarz und Weiß. Ich brauche nicht zwingend immer alle Parameter für alle Bilder, aber kontrolliert werden sie doch.

Phase One und Lightroom sind keine Bildbearbeitungsprogramme, sondern tolle Rawkonverter, die meiner Meinung nach viel zu viel können. CR hat die gleiche Raw Engine wie Lightroom, ist vielleicht nicht ganz so intuitiv wie dieser. Aber wir reden hier schließlich auch über ein professionelles Bildbearbeitungsprogramm mit dem man sich ohnehin entsprechend intensiv auseinandersetzen sollte. Retuschen mache ich in der Regel auch nur zur Bildoptimierung – und wenn es mir wirklich erforderlich erscheint – z.B. Hautretuschen, Verflüssigen oder partielle Anpassungen über Einstellungsebenen mit Maskierungen. Diese sind weder in Capture One noch in Lightroom vernünftig verfügbar. Ich sehe mich aber immer noch als Fotograf und nicht als Bildbearbeiter, und letztlich bleibt alles Geschmackssache.

Styling

Ich schätze, dass je 5 % des Stylings für dieses Projekt vom Model selbst kamen oder extra organisiert wurden. Das meiste jedoch stammte aus meinem riesigen Fundus, den ich über die Jahre angesammelt habe und in Nebenräumen meines Studios verwahre. Haare und Make-up hat Trúc zum überwiegenden Teil selber gemacht (und das super!) und ab und an waren auch professionelle Visagisten dabei. Ich möchte mich hier ausdrücklich bei ihnen bedanken. Meistens war das aber für dieses Projekt gar nicht nötig. Und da wir sehr oft spontan fotografiert haben, hatten wir auch niemanden dabei.

Bildaufbau und Wirkung

Ich unterrichte seit über 25 Jahren neben meiner beruflichen Tätigkeit als Werbefotograf an verschieden Institutionen, darunter drei Jahre als Gastprtofessor an der Universität für angewandte Kunst in Wien und derzeit als Leiter des akademischen Lehrgangs für angewandte Fotografie an der Fachhochschule Sankt Pölten. Dabei habe ich natürlich extrem viel und intensiv über Fotos nachgedacht, um den Studierenden fundierte Feedbacks geben zu können. Dass das immer noch Geschmackssache bleibt, auch wenn man seine Kriterien noch so gut argumentiert, ist mir völlig klar und ich finde das auch sehr in Ordnung so. Beim Lesen dieses Buches kann man wahrscheinlich den einen oder anderen Gedanken finden, den man so noch nicht bedacht hat und der hoffentlich auch ein Stückchen weiterhilft. Während der eigentlichen Arbeit denke ich so natürlich nicht darüber nach.

Natürlich habe ich aber über die Jahre einen eigenen Geschmack und Stil entwickelt und stelle immer wieder gewisse Muster oder Tendenzen fest, was mir gefällt. Dass sich mein Geschmack immer wieder ändert, halte ich für selbstverständlich und wichtig. Sicher ist das auch durch Moden und Trends bedingt (also Zeitgeist). Das heißt aber nicht, dass man gleich jeden einzelnen Trend billig kopiert. Und es impliziert auch, dass ich Regeln weder aufstellen noch akzeptieren würde. Ich würde mich ja übermorgen schon selbst nicht mehr dran halten wollen. Aber zunächst muss man einige inhaltliche und formale Dinge oder Sachverhalte im Bild überhaupt einmal wahrnehmen, um dann darüber nachdenken zu können, ob und warum es einem gefällt oder eben nicht. Gerade das Warum ist nicht einfach auszuformulieren, aber sehr wichtig, um seinen eigenen Geschmack und Stil zu entwickeln und zu finden. Selbst wenn es hier manchmal so klingen mag, aber ich möchte gar nicht, dass nachher alle anderen auch so denken und fotografieren wie ich. Mich gibt es ja schon.

Also viel Spaß dabei ...

Licht:
Lightpainting

Special Tool/Prop:
Taschenlampe

Einstellungen:
F 20
20 Sek.
ISO 100

Objektiv:
65 mm

Technik

Langzeitbelichtung und „Lightpainting" in einem völlig abgedunkeltem Raum: F 20 bei 20 sec und ISO 100 mit 65 mm Brennweite. Diese Werte ergeben sich aus der Helligkeit der verwendeten Taschenlampe und dem Abstand zum Sujet. Der Raum, in dem die Aufnahme stattfand, war quasi komplett dunkel. Somit kann der Verschluss für eine lange Zeit geöffnet werden, ohne dass Licht auf den Sensor fallen kann (außer das Licht der Taschenlampe. Der Rest ist ja dunkel.). Um auf volle 20 Sekunden Belichtungszeit zu kommen, musste ich bei der verwendeten Taschenlampe Blende 20 einstellen (das muss man einfach ausprobieren). Damit hatte ich genügend Zeit, das Model von verschiedenen Seiten und Höhen mit der Taschenlampe zu beleuchten, während der Verschluss geöffnet war. Durch viele, verschiedene kurze Einzelpositionen (im Gegensatz zu kontinuierlicher, gleichmäßiger Bewegung) der Taschenlampe, ergeben sich diese ungewöhnlichen Schatten am Hintergrund. Die Kamera war natürlich auf einem sehr stabilen Stativ fixiert. Da aber niemand 20 Sekunden lang absolut stillhalten kann, entstehen die Verwacklungseffekte durch leichte Bewegungen des Models.

Bildbearbeitung

Farbtemperatur-, Kontrast- und Helligkeitsanpassungen in CR. *Tiefen* aufgehellt und *Klarheit* deutlich erhöht. In PS habe ich dann noch eine *Dodge-and-Burn*-Ebene angelegt und die Falten herausgearbeitet. Mit *Dodge and Burn* komme ich mit nur einer Ebene aus, benutze sie aber nur für geringfügig nötige Detailaufhellung oder -abdunklung, weil sich bei starker Anwendung die Farbsättigung deutlich ändert. Bei stärkeren Detailanpassungen kommt man nicht um zwei Gradationskurven-Einstellungsebenen im Verrechnungsmodus *Luminanz* herum. Eine für die helleren und eine für die dunkleren Details, jeweils schwarz maskiert, um dann mit weißer Farbe und wenig Deckkraft die Anpassungen vorsichtig herauszuarbeiten.

Styling

Die außergewöhnliche Kopfbedeckung habe ich auf einem Mittelaltermarkt erworben und als Oberteil haben wir einfach einen Lederimitat-Faltenrock eingesetzt. Nur keine Angst vor ungewöhnlichen Ansätzen oder Ideen. Immer auch mal ans Limit gehen, oder sogar darüber hinaus.

Bildaufbau und Wirkung

Die unscharfe Wiedergabe in Verbindung mit den unruhigen Schatten auf dem HG und das etwas absurde Styling sprechen eine ganz eigene Bildsprache. Der vorgereckte Kopf und der Blick irgendwo zwischen neugierig und völlig leer verstärken den surrealen Eindruck noch zusätzlich. Als letztes i-Tüpfelchen passt das Tattoo auch noch ziemlich gut dazu und fällt auf den nackten Schultern schnell ins Auge. Bei einem anderen Tattoo wäre die Wirkung sicher eine andere. Ein größeres, oder ein bildlicheres Tattoo würde das Bild sicher weit mehr dominieren und damit eine viel größere Wichtigkeit bekommen. Manchmal passt auch etwas aus Zufall. Hauptsache es passt.

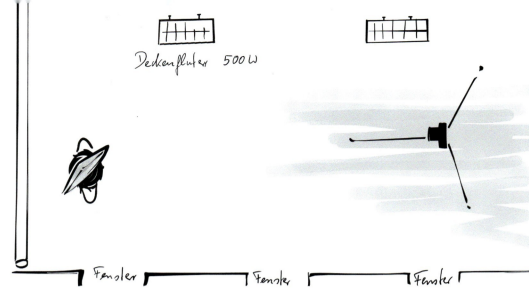

Licht:
Available Light

Special Tool/Prop:
Zeitungspapier

Einstellungen:
F 4
1/25
ISO 1.600

Objektiv:
24 mm

Technik

F 4 bei 1/25 sec, ISO 1.600, available light und 24 mm Brennweite. Die Technik für diese Aufnahme ist so basic, dass man hier durchaus alle Automatiken hätte eingeschaltet lassen können und es hätte kaum anders ausgesehen; wahrscheinlich nur etwas dunkler, je nach Belichtungsmessmethode. Mit meinem Zugang zu diesem Medium, kann ich das jedoch nicht, weil ich auch diese Belichtung genau nach meinen Vorstellungen haben möchte und nicht nach mathematisch festgelegten Algorithmen.

Von links kommt durch mehrere Fenster mit weißen, durchscheinenden Rollos Tageslicht. Von rechts leuchten zwei Deckenfluter mit je 500 W Kunstlichtleuchtstäben (3.200 K) an die Studiodecke, die normalerweise für die Grundbeleuchtung im Studio sorgen. Das ist es auch schon.

Bildbearbeitung

Farbbalance und Klarheit reduzieren in CR sowie ein leichte Gesichtsretusche in PS. Zusätzlich habe ich, weil wir ohnehin schon ein ISO-bedingtes Rauschen hatten, noch eine künstliche Körnung in PS erzeugt. Dazu habe ich eine leere Ebene über dem Bild mit 50 % Grau gefüllt, in den Verrechnungmodus *Weiches Licht* gesetzt (arbeitet in diesem Fall gleich wie *Ineinanderkopieren* oder *Hartes Licht*, aber nicht so brutal) und dann diese Ebene mit einem Rauschen über den Filter *Rauschen hinzufügen* versehen. Ein ganz leichtes Weichzeichen (*Gaußscher Weichzeichner* mit ca. 0,2–0,5 px Radius reicht da meistens, abhängig natürlich von der Pixelanzahl im Bild) und ein anschließendes Reduzieren der Ebenendeckkraft runden den Look ab.

Styling/Make-up

Der HG hing noch vom letzten Shooting, das graue T-Shirt und das schwarze Unterhemd waren Trućs eigene Kleidung an diesem Tag und sorgten zusammen für ein perfektes, harmonisches Bild. Natürlich kann man sich über das Papierschiffchen streiten. Tue ich aber nicht. Mir hat's gefallen und Trúc auch.

Bildaufbau und Wirkung

Viel Platz im Bild und sehr weiches Licht, das, so wie es fällt, trotzdem noch etwas moduliert, die dunklen, aber gut durchzeichneten Haare als Kontrast zum vielen Grau im Bild und natürlich das Papierschiff aus zartrosa Zeitungspapier sind schon alle wesentlichen Elemente. Wichtig ist aber noch, das Papierschiff so zu falten, dass weder ein interessantes Bild, noch erkennbare Schrift oder lesbare Headlines zu sehen sind. Das würde dann definiv den Blick anziehen und somit unnötig ablenken. Hier hat der Blick übrigens Platz im Bild, so wie meine Lehrer es geliebt hätten: Die Blickrichtung geht auf die Seite, auf der erheblich mehr Raum dargestellt ist. Manchmal ist es ja auch gut so.

03
Portrait

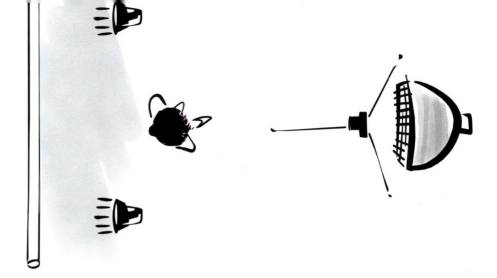

Licht:
Studioblitz

Special Tool/Prop:
Waben
als Einstelllicht

Einstellungen:
F 5
1/50
ISO 100

Objektiv:
160 mm

Technik

F 5,0 bei 1/5 sec, ISO 100 und 160 mm. Eine Softbox mit Grid über der Kamera, 2 Blitzlampen mit Normalreflektoren plus Wabe links oben und rechts unten auf den Hintergrund. Vom Prinzip kommt die gleiche Technik zur Anwendung wie beim Bild *Golden Drum*, hier allerdings im Studio. Dafür wurde alles komplett abgedunkelt, außer die Einstelllichter (je 600 Watt) der Lampen auf den Hintergrund. Diese beiden Lampen sind nicht blitzsynchronisiert. Für die Belichtung wurde nur das Einstelllicht verwendet. Durch das Setzen des Weißabgleichs auf Tageslicht entsteht der schöne warme Farbton. Für eine ausreichende Belichtung musste ich die relativ lange Belichtungszeit von 1/5 sec wählen, die mir auch genügend Zeit für die leichte, händische Kamerabewegung ließ *(vgl. Golden Drum)*. Das Model stand weit vom Hintergrund entfernt und das Hauptlicht (geblitzt!) nicht allzuweit vom Model, so dass nach dem Prinzip „Licht nimmt im Quadrat zur Entfernung ab" ausreichend Licht auf das Model fiel, aber fast keines mehr auf den Hintergrund. Das Grid hat zusätzlich Streulicht im Studio vermieden und den Hintergrund trotz Blitz dunkel gehalten.

Durch die relativ lange Belichtungszeit, das Dauerlicht auf dem Hintergrund und die Kamerabewegung kommen die zarten „Ineinanderbelichtungen" zustande. Bei starker Vergrößerung sieht man im Gesicht und auf den Reflexen im Top ganz leichte Bewegungsunschärfe, die aus der relativ langen Abbrenndauer meines Studioblitzes resultiert.[*] Das passt gut zum Look.

Bildbearbeitung

Klarheit und Tiefen sind in Camera Raw etwas herabgesetzt, um die Weichheit des Gesamteindrucks zu unterstützen und ein tiefes Schwarz zu erhalten. Zusätzliche Hautretusche in PS und etwas mehr Volumen für die Haare mit dem Filter *Verflüssigen*. In PS habe die Bildebene verdoppelt, in Schwarzweiß umgewandelt, etwas weichgezeichnet, in den Modus *Weiches Licht* gesetzt und dann noch die Deckkraft auf 35 % reduziert. Das verstärkt die Kontraste und erzeugt einen weichen Glow, der hier gut passt. Mit vier zusätzlichen Gradationskurven-Einstellungsebenen habe ich noch ein paar kleine Helligkeitsanpassungen gemacht, unter anderem die Augen leicht aufgehellt.

Styling/Make-up

Das Augenmake-up geht hinter dem Pony fast unter, aber eine leichte dunkle Betonung unterhalb der Augen und zu den äußeren Seiten lassen sie größer erscheinen. Die roten Lippen knallen als einziger Farbtupfer raus und lenken den Blick zusätzlich auf das Gesicht. Reichlich Haarspray sorgt für mehr Volumen und das schwarze Ledertop fügt sich mit seinen weichen, großflächigen und dunklen Reflexen harmonisch in den Look ein.

Bildaufbau und Wirkung

Man kann hier auch gut erkennen, dass dieselbe Technik (wie bei *Golden Drum*) anders angewendet, zu komplett unterschiedlichen Ergebnissen führen kann. Hier sehr ruhig und still, dort bunt und schreiend laut. Daher erkläre ich einzelne Bilder rein technisch gesehen nicht sehr gerne, sondern lieber das Prinzip dahinter. Im krassen Gegensatz zu dem Bild *Golden Drum,* ist hier das Resultat sehr dezent und die dahinterstehende Technik erst bei genauerer Bildanalyse zu bemerken. Am deutlichsten tritt der Effekt unterm rechten Ärmel in Erscheinung. Aber auch auf der linken Seite sind die leicht warmen Überschreibungen durch das Hintergrund-Licht in den Haaren und im Oberteil zu erkennen. Das Bild bekommt für mich seinen Reiz aus dem Zusammenspiel von sehr hohem Kontrast und dennoch großer Weichheit. So etwas kommt in dieser starken Ausprägung nicht so häufig vor. Selbst das dunkle, lederartige Top hat einen weichen Faltenwurf und schöne weiche Reflexe und auch die Haare an den Seiten unterstützen mit ihrer teilweisen Durchlässigkeit des Lichts vom Hintergrund den weichen Eindruck. Die Augen bleiben durch das Make-up und die Lichtführung unterhalb des Ponys ziemlich dunkel, wodurch die helle Haut und der Mund mehr Aufmerksamkeit bekommen.

[*] T 0,5 ist die Blitzzeit vom Beginn des Blitzes bis zum Erreichen des halben Helligkeitswerts. Bei Studioblitzen ist, in Abhängigkeit der Leistungseinstellung, aber danach auch noch eine relativ große Lichtmenge vorhanden und für den gesamten Belichtungseindruck wäre eine Angabe von T 0,1 daher sinnvoller. Seltsamerweise ist bei manchen Herstellerangaben T 0,1 allerdings kürzer als T 0,5 und was da für ein Phänomen vorliegt hat sich mir bisher noch nicht erschlossen. Also aufpassen und nachfragen!

Licht:
Studioblitz

Special Tool/Prop:
Hypersync

Einstellungen:
F 5,6
1/8.000
ISO 2.000

Objektiv:
150 mm

Technik

F 5,6 bei 1/8000 sec, ISO 2.000, Studioblitzanlage und 150 mm Brennweite. Eine etwas größere Softbox von rechts oben als Hauptlicht für das Model (genügend Aufhellung über die weißen Studiowände und die Decke ist gegeben) und ein Normalreflektor mit Wabe hinter dem Kopf direkt auf den HG.

Bei diesen Parametern fällt sofort auf, dass eine achttausendstel Sekunde mit Studioblitzanlage und Schlitzverschluss eigentlich nicht gehen kann. Hypersync, die Technik, die es trotzdem ermöglicht, ist etwas spezieller und erst etwa Anfang der 2010er Jahre entwickelt worden. Normalerweise wird der Blitz ausgelöst, wenn der erste Verschlussvorhang (beim Schlitz- bzw. Lamellenverschluss) den Sensor komplett freigegeben hat, also auf der gegenüberliegenden Seite anschlägt. Der Verschluss muss dabei noch komplett geöffnet sein. Das bedeutet: Bei den kurzen Verschlusszeiten, bei denen sich nur mehr ein Schlitz über den Sensor bewegt, kann der Teil, der schon vom zweiten Vorhang verdeckt ist, nicht mehr vom Blitz belichtet werden. Bei der Hypersync-Technik kommen spezielle Funkauslöser zum Einsatz, die den Blitz aber schon auslösen, kurz bevor der Verschluss überhaupt öffnet und dann den Blitz quasi als Dauerlicht einsetzen können, solange der Schlitzverschluss über den Sensor läuft. Dafür muss der Blitz allerdings eine relativ lange Abbrenndauer haben und die Verschlusszeit muss wirklich sehr kurz sein, um eine halbwegs gleichmäßige Belichtung über den gesamten Sensor ermöglichen zu können.

Für diese Aufnahme, bei der Trúc ihren Kopf schnell herumwerfen musste, war ich gezwungen etwas abzublenden. Die Schärfe musste vor der Belichtung festgelegt und der Autofokus dann deaktiviert werden. Da eine leichte Ungenauigkeit durch die schnelle Bewegung natürlich blieb, musste ich etwas abblenden. Die Verschlusszeit der Kamera ist auch vorgegeben (das wollten wir ja so!) und die Blitzleistung ebenfalls - volle Leistung, damit die Abbrenndauer möglichst lang ist. Um die nötige Helligkeit im Bild zu erreichen, bleiben also nur noch zwei Möglichkeiten: das Licht physisch näher an das Sujet heranrücken oder die ISO entsprechend hoch einstellen. Es ist also durchaus möglich, mit dieser Technik sehr kurze Blitzbelichtungszeiten zu erreichen, allerdings auch durchaus etwas komplexer in der Durchführung.

Bildbearbeitung

Geschmackliche Anpassungen in CR und PS, etwas weicherer Look, über eine zweite, leicht weichgezeichnete Bildebene im Verrechnungsmodus *Weiches Licht* bei deutlich reduzierter Deckkraft. Manuelle *Vignettierung* über eine dementsprechend maskierte *Gradationskurven-Einstellungsebene*.

Styling/Make-up

Ein cyanfarbenes, ärmelloses Tanktop (sehr unauffällig) und ein Kopfhörer, etwas mehr ins Bläuliche gehend, der uns als Accessoire von einem Werbeshooting geliehen war. Der Hintergrund ist wieder ziemlich komplementär mit einer leichten Vignettierung, lichtbedingt durch die Wabe als Beleuchtung.

Bildaufbau und Wirkung

Die Hände am Kopfhörer, der etwas versonnene Blick und der geöffnete Mund mit dem leichten Lächeln lassen das Model versunken in die Musik erscheinen, was sehr schön mit der Dynamik der fliegenden Haare und dem grellen, lauten HG kontrastiert. So extrem fliegende Haare (die Enden fliegen deutlich schneller als in Kopfnähe!) sind tatsächlich nur mit sehr kurzen Zeiten scharf „einzufrieren". Die Frage stellt sich natürlich, ob das auch wirklich nötig ist. Wir wollten es aber so.

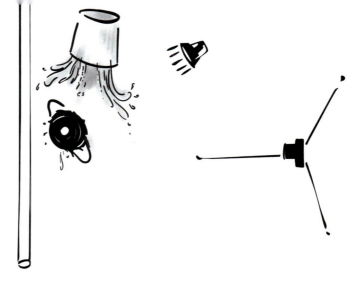

Licht:
Studioblitz

Special Tool/Prop:
Eimer und Wasser

Einstellungen:
F 8
1/100
ISO 100

Objektiv:
120 mm

Technik

F 8 bei 1/100 sec, ISO 100 und 120 mm. Eine Blitzlampe rechts oben, ohne Reflektor. Um hier auf eine möglichst kurze Blitzabrennzeit zu kommen, habe ich meinen Hersteller gefragt, welche Abbrennzeiten alle meine Generatorentypen bei welcher Leistungseinstellung haben. Meine Portys kommen am Anschluss B mit Speedköpfen (2-geteilte Blitzröhre für eine Halbierung der Abbrennzeit) bei 300 Joule auf ca. 1/4000 sec. Den Reflektor habe ich weggelassen, weil die Seitenwände des Aufnahmeraums so genug Licht für die Aufhellung erhalten haben und ich mit einer Lampe auskam. Das (warme!) Wasser haben wir einfach aus einem Eimer von leicht unten ins Gesicht geworfen.

Bildbearbeitung

Da wir mit einem extrem harten Licht fotografiert haben, ist die Farbsättigung in diesem Bild ohnehin schon recht hoch. In CR habe ich diese über die Dynamik noch etwas erhöht und zusätzlich die üblichen Parameter angepasst. In PS habe ich dann noch von einer zweiten Belichtung ein paar zusätzliche Wasserspritzer mit Maskierungen ins Bild hinzugefügt.

Styling/Make-up

Relativ wasserfestes Makeup, damit bei ein paar Belichtungen hintereinander nicht zu viel verwischt. Augen und Mund haben wir recht dunkel geschminkt. Hier ist es nicht wirklich sehr stark, aber diese Regel „entweder die Augen, oder den Mund betonen" gilt für mich sowieso nicht. Gegen physikalische Gesetze kann man nur bedingt etwas machen (einiges geht allerdings auch hier!), aber Regeln zum Thema Geschmack sollte man vielleicht kennen und verstehen, aber dann auch gleich wieder in Frage stellen. Geschmacksregeln sind für Leute, die sich keinen eigenen Geschmack zutrauen, oder Spott und Hohn anderer fürchten, da kann man sich dann so schön an den Regeln festhalten und kann es auch noch begründen. Schade eigentlich.

Bildaufbau und Wirkung

Dass die „eingefrorenen" Wasserspritzer das bildbestimmende Element sind, scheint wohl klar zu sein. Bei geöffneten Augen würde der Blick gleich wieder aus dem Bild herausgehen, was mir persönlich derzeit gut gefällt. Die geschlossenen Augen finde ich aber sehr schön als ruhigen Kontrast zu den recht wilden Wasserspritzern. Außerdem praktisch, weil keine Schmerzen für das Model.

Das dunkle T-Shirt bildet zusammen mit den dunklen Haaren einen netten Rahmen für das helle Gesicht. Eine helle Wand habe ich als HG gewählt, weil ich die Schatten der Wassertropfen gerne spüren wolllte, um die dreidimensionale Wirkung zu verstärken.

06 Rote Nase

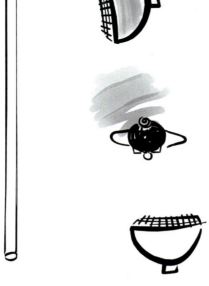

Licht:
Studioblitz

Special Tool/Prop:
rote Nase

Einstellungen:
F 16
1/100
ISO 100

Objektiv:
135 mm

Technik

Studioblitz, F 16 mit 1/100 sec und ISO 100 bei 135 mm Brennweite und 3,8 Meter Motivabstand. Softbox von links und ein Licht auf den HG rechts. Es sollte ein relativ großer Abstand vom Model zum HG sein, damit das Licht der Softbox vom Hintergrund gut abgehalten werden kann, ansonsten wäre es links heller als rechts. Dazu befestigt man einen großen Karton (deutlich größer als die Softbox selber) an einem Stativ und schattet damit das Licht vom HG ab. Wichtig dabei: Je dichter er an der Softbox steht, desto weicher wird der Schatten am HG verlaufen. Da mir das rechts verbleibende Licht nicht hell genug war, habe ich mit einer zweiten Lampe den HG zusätzlich beleuchtet. Und damit dies nicht zu punktförmig ausfällt, kam dafür ein Striplight zum Einsatz, eine extrem schmale und hohe Leuchte. Diese ist durch zusätzliche Flügeltore auf der Längsseite ideal dafür, eine gleichmäßige Aufhellung über die ganze Höhe zu erzeugen. Zwei kleine Sofboxen jeweils mit Grid hätten aber auch einen sehr ähnlichen Effekt und anstelle der Flügeltore tun es natürlich auch entsprechende Kartons.

Bildbearbeitung

Leichte Korrekturen in CR bezüglich Farbwiedergabe, Helligkeit, Tiefen und Lichter. Dezente Hautretusche in PS.

Styling/Make-up

Zu der roten Nase passte das schwarzes Kleid mit den roten Punkten aus meinem Fundus ideal, weil es formal das Thema aufnimmt, ohne selbst zu viel Aufmerksamkeit zu erregen. Die Brille ist Model's own und erinnert im Zusammenspiel mit der roten Nase an eine typische Clownsmaske. Dazu noch die Teufelsohren mit schwarzem Plüsch.

Das Make-up besteht nur aus einem Grooming, schwarzem Lidstrich und rotem Lippenstift. So passt es zwar sehr gut zum Styling, bleibt aber dennoch unauffällig.

Bildaufbau und Wirkung

Das Foto lebt natürlich vordergründig von der roten Nase. Gleichwohl ist eine ganze Reihe weiterer Faktoren sehr wichtig für die Bildwirkung. Zunächst mal die Gegenpole zur auffälligen roten Nase: der Knoten im Haar und die eigentlich unpassenden roten Teufelsohren sowie das Licht am Ohr. Also vier ähnlich große, bildwichtige Elemente dicht beieinander. Dass das Haar nicht ganz „ordentlich" gemacht ist, verleiht dem Ganzen einen gewissen unperfekten, lässigen Touch. Gleiches gilt für das nicht optimal sitzende Kleid, bei dem die roten Punkte natürlich sehr wichtig sind, weil sie die rote Nase zitieren. Bei einem professionellen Werbefoto hätten sicher ein Haare/Make-up- und Styling Team eingegriffen, um alles „ordentlich" erscheinen zu lassen und die Bildwirkung wäre eine andere.

Die verschränkten Arme bringen den Oberkörper in eine sehr leichte Rücklage und der Kopf ist minimal angehoben, was einen sehr selbstbewussten Eindruck vermittelt, den man meiner Meinung nach für so ein Foto unbedingt braucht.

Der relativ hohe Kontrast wird durch die gegenläufige Lichtführung am Hintergrund deutlich unterstützt! Das ist natürlich ein uralter Hut, aber immer wieder mal äußerst wirksam. Nur weil es andere schon tausendmal gemacht haben, sollte man sich nicht davon abschrecken lassen. Die zarten Lichtkanten am Rücken entstehen ausschließlich durch die Reflexionen des relativ hell beleuchteten Hintergrunds im rechten Bildteil.

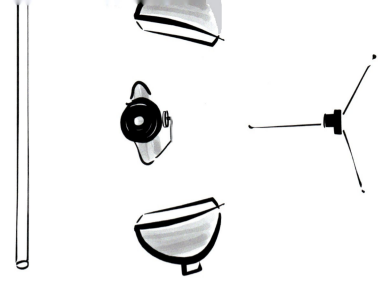

Licht:	Studioblitz
Special Tool/Prop:	Zangenlicht und Lupe
Einstellungen:	F 13 1/125 ISO 100
Objektiv:	220 mm

Technik

F 13 bei 1/125 sec, ISO 100 und 220 mm. Zwei Softboxen rechts und links als sogenanntes Scherlicht oder Zangenlicht. Dabei stehen auf beiden Seiten neben dem Model in gleichem Abstand, bei gleicher Höhe, gleichem Winkel und gleicher Leistung zwei Lampen mit identischen Lichtformern. Diese Technik funktioniert unterschiedlich gut und zwar auch in Abhängigkeit der Gesichtsform. Bei manchen Menschen schaut es meiner Meinung nach einfach überhaupt nicht gut aus, aber das ist natürlich mal wieder Geschmackssache. Grundsätzlich ist dabei wirklich wichtig, dass es sich um dieselben Lampentypen handelt und diese auch gleich auf- und eingestellt sind. Je nach Entfernung zum Model ist auch dessen Position zwischen den Lampen sehr entscheidend. Wenn das Model nur ein klein wenig weiter vorne oder weiter hinten steht, führt das schnell zu extrem unterschiedlichen Lichtsituationen im Gesicht. Hier schaut es sehr symmetrisch aus, aber warum die Haare links heller sind als rechts, weiß ich auch nicht...

Bildbearbeitung

Allgemeine Anpassungen in CR und kleine Hautretuschen in PS. Leichte Korrekturen beim Lippenstift.

Styling/Make-up

Die Lupe ist von einem Flohmarkt und das Make-up ist Model's own. Aufpassen, wenn Hände und Finger im Bild sind, dass sie gepflegt aussehen: Saubere Fingernägel, gepflegtes Nagelbett, eventuell Klarlack oder Nagellack und nötigenfalls vorsichtig etwas (Flüssig-)Make-up oder Creme (auch auf die Hände bzw. Finger) auftragen, um tiefe Hautstruktur und -falten abzumildern. Vorsichtig mit Puder bei Close-ups!

Bildaufbau und Wirkung

Um den Eindruck des Vergrößerungsglases auch bildwirksam zu unterstützen, habe ich das Bild als ziemlich extremes Close-up gestaltet. Der Kopf ist oben angeschnitten, aber trotzdem noch viel Pony zu sehen, weil die dunklen Haare den insgesamt dunklen Bildeindruck noch verstärken und weil die Kopfform oben mit der Rundung gut zur Lupe passt. Unten habe ich gerade so viel Platz gelassen, dass die Hand mit der Lupe als solches leicht zu erkennen ist. Dass die Lupe unten mit dem Kinn quasi abschließt, lässt die Gesichtsform als solche bestehen, und lenkt nicht zu sehr von den riesigen Lippen ab. Darum geht es hier ja schließlich. Die hängenden Schultern umrahmen unten noch die Hand.

Die spezielle Art der Lichtsetzung bietet sich hier aus zwei Gründen an: Erstens ist sie recht ungewöhnlich und unterstützt so die Skurrilität des Bildes und zweitens vermeidet man damit sämtliche Reflexe auf dem Glas der Lupe. Wenn man aber gerne einen Reflex auf der Lupe möchte, kann man eine ziemlich große Softbox sehr weit weg aufstellen, die dadurch die Szene nicht mehr wirklich beleuchtet (Licht nimmt im Quadrat zur Entfernung ab), aber den Reflex erzeugen kann. Ein direkter Reflex wird nicht dunkler, wenn man die Lampe weiter weg aufstellt, sondern die Fläche des Reflexes wird genau in diesem Verhältnis kleiner, daher auch eine große Softbox.

Ursprünglich wollte ich natürlich die Lupe vor einem Auge plazieren, denn schließlich ist eine Lupe ein optisches Hilfsmittel. Während des Shootings haben wir uns aber umentschieden, weil es viel schräger vor dem Mund aussah. Also immer wieder auch mal zusätzlich zu dem ursprünglichen Plan etwas herumprobieren. Die Symmetrie des Zangenlichts wird so auch eher unterstützt, was dem gesamten, starken Bildeindruck zugute kommt.

Licht:
Available Light

Special Tool/Prop:
großer, tiefer Reflektor

Einstellungen:
F 5,6
1/40
ISO 100

Objektiv:
24 mm

Technik

F 5,6 bei 1/40 sec, ISO 100, portable Blitzanlage und 24 mm Brennweite. Ein Blitz mit einem relativ großen, sehr tiefen Reflektor weit rechts (2 ganze Blenden heller, als ein Normalreflektor), etwas hinter dem Model platziert für die Lichtkante, den beleuchteten Boden, auf dem das Model steht, und den langen Schatten, der links aus dem Bild herausführt. Von links, relativ dicht neben der Kamera ein weißer, mittelgroßer Schirm zur Aufhellung des Vordergrunds.

Bildbearbeitung

Anpassungen hauptsächlich bezüglich der Farbtemperatur in CR und eine deutliche Anhebung in den Tiefen, bei gleichzeitiger Absenkung von Schwarz, um die ganz dunklen Bereiche nicht zu verlieren. Zusätzlich eine deutliche Erhöhung der lokalen Kontraste über die *Klarheit* in CR. In PS habe ich noch die *Farbsättigung* in einigen Bereichen verringert, außer im roten und über eine *Gradationskurven-Einstellungsebene* mit entsprechender Maske eine eigene leichte Vignettierung erzeugt. Das mache ich nie mit den dafür vorgesehen Vignettierungs-Tools, da diese viel zu wenig meinen Vorstellungen entsprechen. Der oben beschriebene Weg lässt mir diesbezüglich alle Möglichkeiten für ein viel präziseres Arbeiten.

Styling/Make-up

Ein Cheerleader-Rock, ein farblich passendes, aber zu großes (Männer-)T-Shirt, weiße Sportsöckchen mit roten Sneakers, ein alberner Ohrenschützer und eine stylische Handtasche; die Sneakers sind Model's own und der Rest aus dem über die Jahre zusammengekauften Fundus. Da schaue ich immer wieder auf Flohmärkten, in Vintage Shops und normalen Boutiquen überall auf der Welt nach Dingen, die man vielleicht irgendwann für irgendwas gebrauchen könnte. So wie hier.

Bildaufbau und Wirkung

Das Bild erzählt definitiv eine Geschichte, aber man weiß irgendwie nicht, welche und kann dadurch seine eigene hineininterpretieren. Das an Cheerleader erinnernde Oufit in Verbindung mit der Location vor dem Stadion und der Leere des Platzes schafft eine etwas surreale Szene. Der zartblaue Abendhimmel mit den von der bereits untergegangenen Sonne rötlich gefärbten Wolken sowie die Restpfützen vom letzten Platzregen verstärken diesen Eindruck noch. Cheerleader werden in der Regel mit Tanz, Spaß und reichlich Energie assoziiert, aber hier ist das Gegenteil der Fall: hängende Schultern, die viel zu tief hängende Handtasche, das zu große Shirt, die albernen Kopfhörer oder Ohrenschützer, nicht mal die Sneakers wirken cool. Die Leere im Blick, die Unsicherheit in der Körperhaltung (Beine zusammen, Füße parallel, Schultern etc. s.o.) und der lange Schatten, den es wirft, machen nicht nur das Model etwas ratlos.

Viel Platz, keine weiteren Menschen, außer drei kaum erkennbare Ordnungskräfte ganz hinten im Bild, der in den Himmel ragende Kopf (tiefer Kamerastandpunkt) und die in PS hinzugefügte Vignettierung zusammen mit dem knallroten Outfit vor dem blassgrünen Stadion erzeugen irgendwie eine „unwirkliche Realität". Zusätzliche Kleinigkeiten helfen den Gesamteindruck des geplanten Zufalls, der hinten und vorne nicht stimmen kann, zu festigen: Vorne hat das Licht auf dem Boden eine ähnliche, warme Farbe wie die Wolken und alle Schilder und Fahnen sind entweder neutral oder rot: Passt!

09 schulmädchen

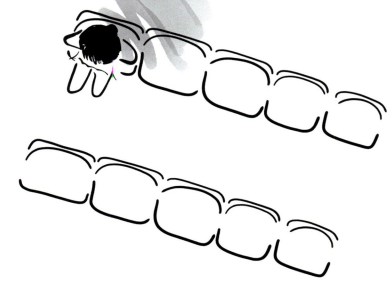

Licht:
Available Light + Akku-Ringblitz

Special Tool/Prop:
Ringblitz

Einstellungen:
F14
1/200
ISO 250

Objektiv:
25 mm

Technik

F 14 mit 1/200 sec bei ISO 250 mit 25 mm Brennweite. Das extreme Gegenlicht mit der Sonne direkt im Bild in Verbindung mit dem Ringblitz ergeben hier die trashige Bildwirkung. Die kürzestmögliche Blitzsynchronzeit des Verschlusses und ein sehr starker Blitz (1.200 Joule) bei voller Leistung lassen die Szene vorne gut ausgeleuchtet erscheinen, während der Hintergrund durch die relativ weit geschlossene Blende für eine Tageslichtsituation sehr dunkel wirkt.

Photoshop

Für diesen Look habe ich im Wesentlichen drei Einstellungsebenen und eine Ebene mit künstlichem Rauschen benötigt. Die erste Einstellungsebene ist für eine dezente Reduzierung der *Farbsättigung* zuständig. Die zweite ist eine Verlaufsumsetzung im Verrechnungsmodus *Ineinanderkopieren* mit einem Verlauf (Dunkel nach Hell) von mittlerem Grün nach mittlerem Grau, sodass die dunklen Bildelemente Grün eingefärbt werden und die hellen neutral bleiben. Die dritte ist eine für die Vignetierung zuständige *Gradationskurven-Einstellungsebene*. Dazu ziehe ich die *Gradationkurve* rechts oben am Rand herunter und senke die Kurve in der Mitte noch weiter ab. Dann maskiere ich die mittleren Bereiche bildrelevant heraus und passe die Deckkraft an. Das ist bildabhängig viel genauer und besser zu steuern als alle vorgefertigten Vignettierungsvorlagen, -filter oder was es diesbezüglich noch alles Schönes, Amateurhaftes gibt. Mit etwas Übung dauert die händische Vignettierung sicher auch nicht länger.

Styling

Eine Art Schulmädchenuniform in ausschließlich unbunten Farben mit den Sneakers und den weißen Overknees ergeben diesen unschuldigen und dennoch leicht fordernden Lolita-Look, der durch die strenge Biedermannbrille kontrastiert wird.

Bildaufbau und Wirkung

Das helle Model links im Bild zieht den Blick magisch an, was durch den direkten Blick in die Kamera noch deutlich verstärkt wird. Der nahe, tiefe Standpunkt und die extrem dunkle Flucht rechts unten im Bild bilden dazu einen wirkungsvollen Kontrast. Da wir in der westlichen Welt gewohnt sind, ein Bild von oben links nach unten rechts zu lesen (abzutasten), wären wir mit der Betrachtung sehr schnell fertig, weil alle Linien in diese Richtung verlaufen. Aber das helle Ouftit und der gelangweilte Ausdruck ziehen den Blick des Betrachters immer wieder zurück ins Bild.

10 Pink Plüsch

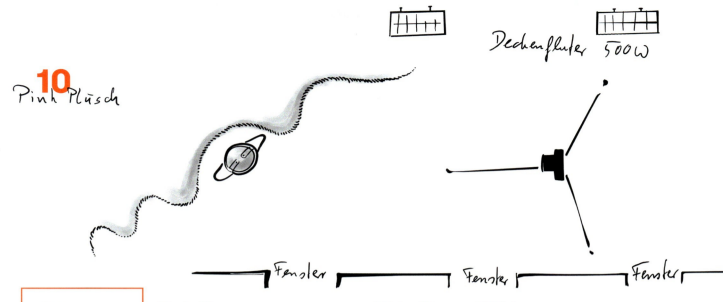

Licht:
Studioblitz

Special Tool/Prop:
Pink Trash

Einstellungen:
F 2,8
1/10
ISO 160

Objektiv:
70 mm

Technik

F 2,8 bei 1/10 sec, ISO 160 und 70 mm. Available Light mit Tageslicht von links und Kunstlicht von rechts bei Weißabgleich auf 3.300 K. Den Plüschstoff haben wir relativ locker mit vier oder fünf Klemmen an einer langen Stange befestigt (ähnlich wie einen Vorhang mit lockerem Fall) und eine starke Windmaschine dahinter positioniert. Dann hat sich das Model relativ tief in den HG hineingestellt und der Wind besorgte den Rest

Bildbearbeitung

Weißabgleich in CR angepasst. Kleine Hautretuschen in PS.

Styling/Make-up

Den Stoff habe ich in der Fachabteilung eines großen Kaufhauses erworben. So exaltierte Dinge, wie eine Mütze aus knallrosa Plüschstoff wecken immer gleich meine Begierde, wenn ich sie irgendwo finde. In den seltensten Fällen weiß ich von Anfang an, was ich damit anfangen könnte, aber ich bin mir immer sicher, dass mir früher oder später etwas einfallen wird, wofür ich genau das dann dringend brauchen werde! Mit der pinken Parodie einer russischen Militärfellmütze war es so ähnlich, als ich sie irgendwo in Prag in einem kleinen Touristenshop (ja, auch da kann man coole Accessoires finden!!!) entdeckte. Die Tutus sind schon lange in meinem Fundus, und als hätte ich es nicht immer schon geahnt, dass man auch mal zwei gleiche brauchen könnte ... Also haben wir einen Tutu als Rock und einen als Oberteil verwendet, schwarze, blickdichte Strumpfhosen als Gegengewicht zu den Haaren, magentafarbener Lippenstift, der sich im Ton etwas mit dem HG schlägt, leicht dunkel geschminkte Augen und fertig war das Styling: Schön schräg.

Bildaufbau und Wirkung

Bilder, in denen die Farbe Rosa dominiert, muss man, glaube ich, erst erfinden, bzw. konstruieren. Aber genau das ist der Teil der Fotografie, der mich interessiert: meine eigenen Bildideen umzusetzen und mit Realitäten zu spielen. Reportagefotografie hat einen vollkommen anderen Ansatz, aber dennoch die gleiche Berechtigung. Das ist ja das Schöne an Fotografie: Die extrem unterschiedlichen Ansätze und Möglichkeiten und damit ihre Vielschichtigkeit.

Das etwas hellere Tageslicht von links erzeugt einen leicht kühleren aber trotzdem sehr weichen Look, jeweils links auf dem Model und auf den Wellen im HG. Durch die eigentlich etwas zu lange Belichtungszeit von 1/10 Sekunde aus der Hand (bei 70mm ohne Bildstabilisator) und den sich bewegenden HG entsteht ein ganz leicht unscharfer Bildeindruck, der den weichen Gesamteindruck des Bildes noch unterstützt. Das Model, das mit dem Outfit fast schon in den HG integriert ist, schaut direkt in die Kamera. Dieser Blick lässt viel Raum für eigene Interpretationen, da er von ausdruckslos über schüchtern bis zu einem starken Fixieren sehr viel Möglichkeiten zulässt. Und genau das macht das Bild für mich sehr spannend.

11 Golden Pilot

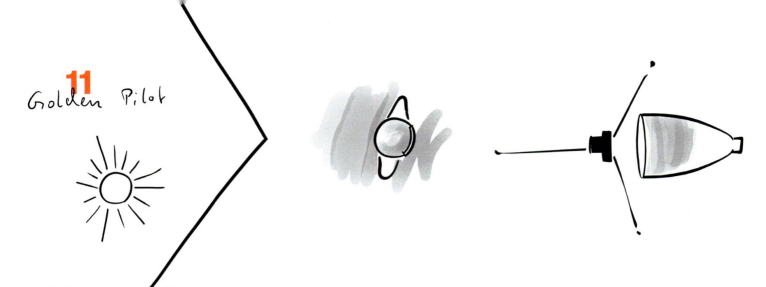

Licht:
Available Light + Akku-Ringblitz

Special Tool/Prop:
Pilotenhelm

Einstellungen:
F 18
1/200
ISO 400

Objektiv:
24 mm + Polfilter

Technik

Extremes Gegenlicht, mit der Sonne direkt im Bild und das auch noch sehr stark unterbelichtet erfordert eine starke Blitzanlage, um mit einem Blitz für den Vordergrund noch dagegen anzukommen. ISO 400, 1/200 sec und F 18, Polfilter vor dem Objektiv (24 mm) und einen 1.200 Joules Porty von Hensel im Rücken mit dem 17 Inch Reflektor. Allein die Wahl dieses Reflektors bringt bei einem Abstand zum Sujet von 6,7 m schon satte zwei Blenden mehr Licht gegenüber einem Normalreflektor. Da die Belichtungzeit nicht mehr kürzer als 1/200 sec blitzsynchronisierbar ist, habe ich noch einen Polfilter verwendet, der die Szene insgesamt noch einmal um eineinhalb Blenden dunkler macht. Man erkennt recht gut, dass das Bild am rechten Blidrand etwas dunkler als am linken Bildrand erscheint. Das liegt daran, dass die Angaben der (Profi-)Kamerahersteller nur bedingt gelten und ganz offensichtlich wird da gerne etwas übertrieben. Bei 1/200 sec schließt der 2. Verschlussvorhang ganz offensichtlich schon wieder etwas zu früh und führt daher bereits zu einer leichten Abschattung. Hier fällt es kaum auf, aber bei wirklich homogenen Flächen im Studio nehme ich keine Synchronzeit kürzer als 1/125 sec., weil selbst 1/160 sec nicht zu optimal ausgeleuchteten Ergebnissen führt. Leider muss man immer alles hinterfragen und kontrollieren!

Bildbearbeitung

Wenn bei einer solchen Aufnahme alle Parameter sorgfältig gesetzt sind, ist eine Nachbearbeitung kaum nötig. In diesem Fall habe ich die *Klarheit* deutlich zurückgenommen und die *Sättigung* erhöht. Ansonsten sind nur leichte Anpassungen in der *Farbtemperatur* in CR und *Gradationskurve* im PS zum Einsatz gekommen. Um ein wenig mehr Breite zu erhalten, habe ich die Ebene verdoppelt, die Arbeitsfläche rechts/links leicht vergrößert und dann mit *inhaltsbasiert skalieren* und aktiviertem Personenschutz die Ebenen etwas in die Breite gezogen. Dabei sollte man aber immer kontrollieren, dass PS keinen „Unsinn" in Form merkwürdiger Artefakte hineinskaliert!

Styling/Make-up

Den Helm mit dem Goldvisier habe ich von einem befreundeten Piloten geschenkt bekommen, den goldenen Overall habe ich auf einem Flohmarkt um 2 Euro gekauft und die Schuhe sind aus meinem Fundus. Alles zusammen ergibt es für mich so diesen absurden Look, den ich mir für dieses Sujet vorgestellt hatte. In dem Haus im Hintergrund bin ich seit 30 Jahren mit meinem Studio beheimatet. Wir haben dieses Bild also direkt vor der Tür gemacht, mitten auf der Straße. Grundsätzlich gilt, dass man wirklich überall gute Fotos machen kann, halt nicht jedes, aber irgendetwas Gutes geht eigentlich immer…

Bildaufbau und Wirkung

Auch hier gibt es nur zwei Farben im Bild: Die komplementären Blau- und Goldtöne. Der Rest sind neutrale Grauwerte oder so dunkle Farben, dass sie außerhalb der Wahrnehmungsmöglichkeiten liegen. Der Lichtreflex im Visier ist natürlich nicht die Sonne (die macht einen ganz, ganz kleinen Reflex an der Oberkante im weißen Bereich), sondern die Reflexion der Blitzes. Der Doppelschatten nach vorne und hinten bei Tageslicht verleiht der Situation einen weiteren unwirklichen Aspekt. Ich gebe sofort zu, dass man dieses Foto auch 40 Minuten später hätte machen können, und dann die Sonne, das Model und die Schatten in einer Reihe gehabt hätte. Kann auch sehr schön sein, aber vielleicht auch langweiliger. Geschmackssache, aber durchaus eine Überlegung wert.

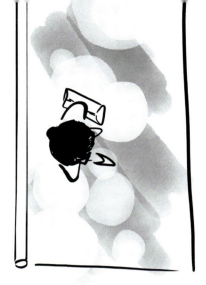
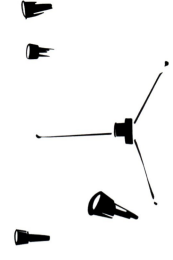

Licht:
Studioblitz

Special Tool/Prop:
optische Spots

Einstellungen:
F 9
1/100
ISO 100

Objektiv:
67 mm

Technik

Studioblitz mit 3 optischen Spots. Das sind Projektionsscheinwerfer aus dem Bühnen- bzw. Showbereich, die wahrscheinlich jeder als diese kreisrunden Verfolgerspots vom Eiskunstlaufen her kennt. In optischen Spots befinden sich zwei Linsen, die zueinander verschoben werden können. Zum einen kann dadurch die Kreisgröße eingestellt werden, zum anderen die Schärfe. Jeder größere Blitzgerätehersteller hat so etwas zum Blitz umgebaut im Angebot. Allerdings sind sie leider nicht ganz billig, groß, schwer und auch nicht universell einsetzbar. Echte Speziallampen eben, die man wirklich erst kaufen sollte, wenn man sie dringend braucht oder sonst schon alles hat. Ich persönlich besitze immerhin 3 davon, aber auch keine 15, wie für das Bild erforderlich gewesen wäre. Der Rest musste also im Photoshop erzeugt werden und ehrlicherweise, muss ich zugeben, dass man so ein Bild auch komplett im PS erzeugen kann, mehr Zeit und Aufwand, gute Planung und genügend Know-how vorrausgesetzt.

Natürlich habe ich einen optischen Spot für das Hauptlicht von links oben vorne eingesetzt (für den Schatten vom Model am HG) und die beiden anderen für zwei Kreisprojektionen hinter dem Model, um nicht mehr als nötig maskieren zu müssen (die beiden stehen seitlich neben der Kamera). Die Zeit-, Blendenkombination hier zu nennen, ist eigentlich komplett unwichtig: die Richtige. Eine Verschlusszeit, die bei Einsatz von Studioblitz gut funktioniert, und eine Blende, die für die benötigte Schärfentiefe ausreicht und mit der Leistung der Blitzanlage korrespondiert. Die Blende ist also nicht unnötig weit offen (z. B. wegen sphärische Aberration) oder geschlossen (wegen Beugung), um eine bestmögliche Abbildungsleistung des Objektivs zu gewährleisten. Dass die kleinste ISO-Einstellung benutzt wurde, versteht sich bei Studioblitz auch von selbst. Hier aber die Daten für diejenigen, die die Einleitung nicht gelesen haben: F 9 mit 1/100 sec bei ISO 100 und 67 mm Brennweite.

Bildbearbeitung

Die üblichen Farbtemperatur-, Kontrast- und Helligkeitsanpassungen in CR. Für die simulierten Lichtprojektionen habe ich pro Kreis eine eigene leere Ebene erzeugt und mit dem Pinsel jeweils einen Kreis in unterschiedlicher Größe, Helligkeit, bläulichem Farbton und leicht unterschiedlicher Randschärfe gemalt. Bei den Kreisen, die direkt hinter dem Model sind, habe ich das Model natürlich dementsprechend maskiert. Die Verrechnungsmodi der Ebenen habe ich entweder auf *Aufhellen*, oder *Negativ multiplizieren* gesetzt, um die Addition von Licht bei sich überlagernden Kreisen zu simulieren und am Schluss habe ich noch jeweils die Deckkraft nach meinem Geschmack angepasst.

Styling/Make-up

Das Styling ist aus meinem Fundus und logischerweise fast komplett aus Vintage-Shops und Flohmärkten zusammengekauft (Brille, Bluse, Rock und Tasche). Allein die Schuhe habe ich ca. Ende der 90er Jahre neu erworben, passen für mich aber hervorragend dazu, obwohl oder gerade weil die Füße darin sehr groß aussehen. Die Haare haben wir unten nach außen geföhnt und auf ein typisch zeitgeistiges Augenmake-up konnten wir wegen der Brille verzichten.

Bildaufbau und Wirkung

Die häufigste, erste Reaktion auf dieses Bild ist eine Art anerkennendes Staunen, weil es doch recht ungewöhnlich ist, dadurch zwar ziemlich auffällig und dennoch eine gewisse Attitüde ausstrahlt: Haltung ist eben alles. Und diese ruhige Ausstrahlung steht im Kontrast zum sehr unruhigen Muster der Bluse und zum ebenfalls sehr unruhigen HG. Das Bild ist auch deshalb nur schwer einordenbar, weil es weder eine glaubhafte Bühnen- noch eine Dikothekenszene oder ein Modefoto, oder sonst irgendetwas Bekanntes darstellt. Aber gerade dieses leicht Surreale mit einem Hauch würdevoller Absurdität steht vielleicht ganz gut für die frühen 70er Jahre, in denen die in den 60ern neu erprobten Möglichkeiten wieder anders interpretiert und weiterentwickelt wurden. Ich muss zugeben, dass das gleiche Bild in Orange, anstatt in Blau, noch mehr dem Look der frühen 70er Jahre entsprechen würde. Schlechte Ausrede, aber die Bluse war halt blau.

13
Golden Drum

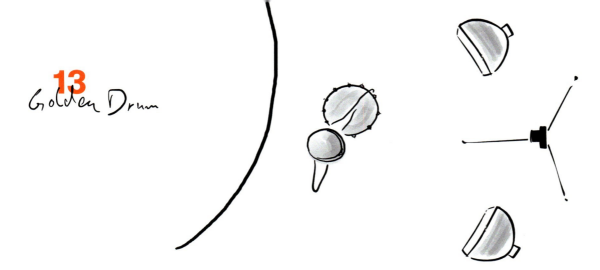

Licht:
Available Light + Akku-Ringblitz

Special Tool/Prop:
Schärfe/Unschärfe

Einstellungen:
F 14
2 Sek
ISO 100

Objektiv:
105 mm

Technik

F 14 bei 2 sec, ISO 100, Akkublitzanlage und 105 mm Brennweite. Dieses Bild basiert auch auf einer Technik, die man selten sieht und die mit PS auch nur mit viel Aufwand zu simulieren ist. Besser also, man fotografiert das gleich richtig. Das Model im Vordergrund muss dafür eher im Dunkeln stehen und wird fast ausschließlich mit zwei sehr kleinen Softboxen rechts und links von der Kamera mit ein wenig Abstand angeblitzt. Durch die kurze Abbrennzeit der Blitze wird das Model zunächst scharf abgebildet. Die Belichtung des HG entsteht mit einer langen Verschlusszeit bei gleichzeitiger starker Bewegung der Kamera. In Summe ergibt sich dann ein scharfer Vordergrund mit einem verwischten HG, je nach Lichtführung mit überall scharfen Konturen oder auf einer Seite mit weichen, unscharfen Konturen, und zwar dort, wo der HG in das Model hineinbelichtet und das Blitzlicht nicht ausreichend belichtet hat. Je nach durchgeführter Verwacklungsbewegung (wie stark, schnell, ruckhaft, gedreht etc.) entstehen unterschiedliche Effekte. Um in dieser Situation auf eine ausreichend lange Belichtungszeit für die händisch durchgeführte Verwacklung von zwei ganzen Sekunden zu kommen, reichte bei ISO 100 Blende 14. Da der Blitz am Anfang der zwei Sekunden langen Verschlussöffnung abblitzt, hat man eine gute Kontrolle, wenn man erst direkt nach dem Blitz die Kamera bewegt. Wie die Bewegung durchgeführt werden muss, findet man nur durch Trial and Error heraus. Die Doppelkonturen im angeblitzten Model entstehen durch die lange Nachbelichtung. Dort, wo das Model beim Blitz stand, ist bereits ein Belichtungseindruck entstanden und der HG wäre noch dunkel (bei reiner Blitzbelichtung!). Durch die Nachbelichtung kommt jetzt an der einen Seite Licht vom HG dazu (wird logischerweise heller) und auf der anderen Seite verdeckt das Model den HG und er kann hier nicht nachbelichten (bleibt dunkler). Durch die ständige, recht heftige Bewegung passiert das öfters und an mehreren Seiten gleichzeitig, sodass der Gesamteindruck etwas verwirrend erscheint. Zwei absolut identische Belichtungen sind so natürlich nicht hinzubekommen, d.h. ein kleiner Faktor Zufall bleibt im Spiel.

Bildbearbeitung

Globale Optimierungen in lokalem Kontrast, Helligkeit und Farbtemperaturen in CR und Feintuning in PS mit einer maskierten *Gradationskurven-Einstellungsebene* für eine etwas hellere Haut. Die gelbliche Überstrahlung, die von links ins Bild kommt, habe ich auf einer normalen, leeren Ebene einfach mit einem Pinsel bei sehr wenig Deckkraft und mit unterschiedlichen Pinselgrößen hineingemalt. Mir fehlte da was...

Styling/Make-up

Die russische Marine-Kappe ist angeblich original (Vintage) und wie die Jacke aus London/Camden Market (mal wieder), was dem Ganzen zusammen mit der Trommel (Antiquitätenladen in Leipzig) den Look einer Military Band verleiht. Dieser wird allerdings durch den goldenen Rock komplett ad absurdum geführt, was für meinen Geschmack aber genau den wichtigen stylischen Akzent setzt. Auch die eingestellte Höhe der Blitzlampen ist sehr wichtig, um mit dem richtigen Reflexionswinkel für genügend Glanz im goldenen Rock zu sorgen.

Bildaufbau und Wirkung

Das Bild wirkt sehr laut und schreit nach Aufmerksamkeit. Jedoch strahlen Haltung/Pose und Ausdruck des Models wieder eine gewisse Ruhe aus, was erst recht die Blicke auf sich zieht. Die vielen anderen bunten Elemente im Bild haben keine Chance. Das sich bewegende Karussell bringt zusätzliche Unruhe, aber auch eine gewisse Weichheit gegenüber der Dreifachkontur einiger Bildelemente durch die Verwacklung. Meine erste Überlegung war, den hellen Kopf im dunklen Himmel zu platzieren und die dunkle Jacke im hellen Karussellhintergrund. Das hätte aber eine viel zu massive Trennung von Kopf und Körper ergeben und somit eine schwerere Zuordnung und Lesbarkeit des ohnehin schon extrem unruhigen Bildes. Die dunkle Jacke hilft hier sicher weiter im Sinne der Trennung und die in die Mütze ragenden blauen Lichter integrieren das Model wieder. Weil sich die Lichtsituationen permanent ändern sieht jede Belichtungsvariante komplett anders aus und die Auswahl aus so einer Fülle an unterschiedlich interessanten Bildern fällt möglicherweise recht schwer. Na und? Wo steht, dass Fotografie einfach ist?

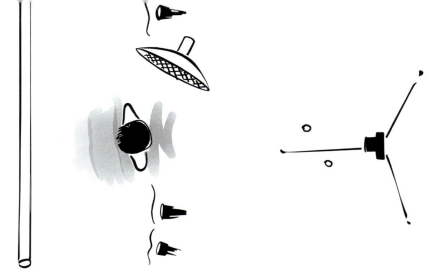

Licht:
Studioblitz

Special Tool/Prop:
Silberne Lippen

Einstellungen:
F 10
1/125
ISO 100

Objektiv:
190 mm

Technik

Das Licht auf dem Model ist nur ein Beauty Dish (weiß) mit Wabe, um Streulicht und unnötige Hintergrund-Aufhellung zu vermeiden. Auch eine kleine Softbox (in etwa gleicher Größe) mit Grid würde hier zum gleichen Ergebnis führen. Lichtformer sind übrigens im wahrsten Sinne des Wortes überschätzt.*

Der ziemlich hoch positionierte Beauty Dish vermeidet Spiegelungen in der Brille, erzeugt aber Reflexe im silbernen Top. Reflexe in der Brille würden deren grafische Wirkung stören, im Top heben sie jedoch den silbernen Charakter hervor. Das funktioniert hier gut, weil der Kopf leicht nach unten geneigt ist und das Top durch den Oberkörper einen Winkel nach oben bildet.**

Die drei Streifen hinten brauchten mehr Aufwand: Drei optische Spots, je zwei mit einer blauen Folie (ca. 2 Blenden Lichtverlust), einer neutral. Die schwarzen, unscharfen, vertikalen Linien erzeugen zwei sehr dicht an der Kamera platzierte Lampenstative. Das schafft im Unschärfebereich eine gewisse Räumlichkeit. Genaue Beobachter erkennen: die Stative sehen in Höhe der Lichtbalken dünner aus. Die Unschärfekreise werden durch das viele Licht von hinten teilweise überstrahlt und erscheinen daher an diesen Stellen weniger breit. F 10 bei 1/125 sec und ISO 100, typische Werte für eine Aufnahme im Studio mit Blitzanlage. Brennweite 190 mm bei Vollformat Kleinbild.

Bildbearbeitung

Das relativ harte Licht verlangt eine gute Hautretusche. Die gröbsten Auffälligkeiten sind mit *Bereichsreparaturpinsel, Ausbessern-Werkzeug* und normalem *Stempel* entfernt, dunkle Stellen auch teilweise im Verrechnungsmodus *Helle Farbe*. Frequenztrennung erschien hier nicht nötig. Ich suche immer nach einfacheren Lösungen, die den Zweck erfüllen. *Klarheit* in CR wurde noch leicht erhöht, sonst nur übliche leichte Anpassungen, wie in der *Gradationskurve* oder Farbe über die entsprechenden Einstellungsebenen und mit Maskierungen, um nicht einfach global das ganze Bild zu beeinflussen.

Styling/Make-up

Die silbernen Lippen sind sehr wichtig für den passenden Look zum Oberteil. Vielleicht hätten orange Lippen auch funktioniert, wären aber für meinen Geschmack nicht so cool gewesen. Die Brille und das Top kommen aus einem Geschäft speziell für Technostyling in London/Camden Market und ich kenne da auch sonst weltweit nichts Vergleichbares. Guter Laden…

Bildaufbau und Wirkung

Da das gesamte Styling an die 90er Jahre und die Techno-Bewegung erinnert, wollte ich auch eine Art Neon-Look für dieses Bild. Es sollte düster, abgehoben und trotzdem cool wirken. Das Styling ist zwar total reduziert (Brille, Top, Lippenstift), aber ausreichend extrem. Die Lichtstreifen am Hintergrund sind bereits in der Projektion unscharf und nicht durch Tiefenunschärfe. Ich habe mich hier für ein zur Brille fast komplementäres Blau und ein zum Silber passendes, neutrales Weiß entschieden. Das bringt einen kühlen, dunklen Gesamteindruck und weniger verschiedene Farben. Die Kamera ist fast auf Augenhöhe und der Ausdruck lässt Trúc ziemlich unnahbar wirken. Der Lichtreflex im Haar legt sich fast wie ein Kranz um den Kopf – ein sehr schöner Gegenpol zum silbernen Top. Persönlich eines meiner Lieblingsfotos in diesem Projekt.

*Schätzen heißt oft keine wirkliche Ahnung zu haben! Die Art der Lichtwirkung hängt in erster Linie von der Abstrahlfläche im Verhältnis zum Sujet ab: Je größer die Abstrahlfläche (im Verhältnis zum Sujet), desto weicher das Licht. Mit dem Kontrast selbst (also der Helligkeit der Schatten) hat das nichts zu tun. Das wäre Sache der Umstände und gegebenenfalls einer Aufhellung. Weiters gelten die drei physikalischen Grundregeln im Umgang mit Licht:

**1. Einfallswinkel gleich Ausfallswinkel, 2. Licht nimmt im Quadrat zur Entfernung ab und 3. Auflicht ist heller als Streiflicht. Direktes Licht erzeugt noch eine höhere Farbsättigung als indirektes und abgesehen von ein paar Sonderfällen wie Glas, Wasser (also durchsichtige Objekte) oder glänzenden Flächen ist es das auch im Wesentlichen. Die Kunst ist, aus diesen wenigen Parametern immer die richtigen und nötigen Schlüsse zu ziehen. Eigentlich ganz einfach. Noch mehr dazu findet man mehr auf youtube unter *Arnd Ötting's wunderbare Welt der Fotografie*.

15
Halber Blitz

Licht:
Studioblitz

Special Tool/Prop:
Zu kurze
Blitzsynchronzeit

Einstellungen:
F5
1/400
ISO 400

Objektiv:
135 mm

Technik

Bei diesem Bild ist die Technik etwas komplizierter, daher zunächst einmal die reinen Fakten: Studioblitz mit Beauty Dish, plus Aufhellung über die Studiodecke und -wände bei F 5,0 mit 1/400 sec und ISO 400 mit 135 mm. Der Einsatz vom Studioblitz bei 1/400 sec erklärt die Abschattung rechts durch den bereits schließenden 2. Verschlussvorhang. Der Verschluss ist, einfach gesagt, schon nicht mehr ganz geöffnet, wenn der erste Verschlussvorhang anschlägt und den Blitz auslöst, weil bei den kurzen Zeiten nur noch ein Schlitz über den Sensor läuft. Bei 1/200 ist der Verschluss beim Auslösen des Blitzes noch ganz geöffnet und bei der halben Zeit (1/400 sec) logischerweise nur noch zur Hälfte. Der dunkle Belichtungseindruck rechts im Bild ist also nur das Einstelllicht, bzw. das vorhandene Licht im Studio. Um da überhaupt noch einen Belichtungseindruck zu erhalten, habe ich die ISO auf 400 und die Blende max geöffnet, was beim Canon 100–400 mm / 4,8 bei 130 mm Blende 5,0 ergibt (keine durchgehende Lichtstärke). Und um jetzt dort auch noch eine Unschärfe zu erzeugen, habe ich die Kamera ziemlich heftig von oben nach unten bewegt, während ich ausgelöst habe. Auch im vom Blitz ausgeleuchteten Bereich kann man bei genauem Hinsehen ganz leichte Unschärfen erkennen, gerade in den hellen Bereichen, weil meine Studioblitzanlage keine allzu kurzen Abbrennzeiten hat.

Bildbearbeitung

Bei diesem Bild war mir die Hautretusche recht wichtig und ich habe sie daher mit der *Frequenztrennungsmethode* durchgeführt. Diese hier zu erklären würde aber den Rahmen sicher sprengen und ich bitte, das gegebenenfalls im Internet zu recherchieren. Dazu noch leichte Anpassungen mit diversen *Einstellungsebenen*.

Styling/Make-up

Der sehr exklusive Halsschmuck und die Haare sind hier sicher die primären Eyecatcher. Da wir ohne Hair and Make-up Artist gearbeitet haben, hat sich Trúc die Locken selber gemacht (erstklassiges Werkzeug dafür gibt es selbstverständlich in meinem Studio) und wir haben dann ihre Haare einfach nach vorne geworfen, was unserer Meinung nach bestens zum Halsschmuck passt, weil die Haare schwarz sind und die hellen Reflexe aufweisen. Auch die Lücken in den Locken oben am Kopf imitieren das Muster der Kette. Dazu schwarz umrandete Augen und ein farblich und vom Muster passendes Tanktop: fertig.

Bildaufbau und Wirkung

Bei einem formal zweigeteilten Bild bietet es sich natürlich an, auch das Model halb und halb zu beleuchten. Ich finde es aber viel reizvoller, das Gesicht ganz im Licht zu haben und in der Schattenseite einfach mehr freien Platz zu lassen, weil so viel mehr Spannung erzeugt wird. Die schüchterne Körperhaltung mit den über Kreuz verschränkten Armen und den leicht hochgezogenen Schultern sowie der Gesichtsausdruck mit den großen Augen kontrastiert inhaltlich gut, sowohl mit dem exaltierten Haar und Schmuck als auch mit den heruntergezogenen Trägern des Tanktops.

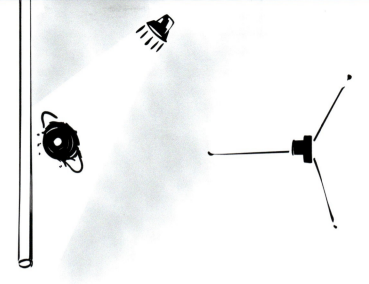

Licht:
Studioblitz

Special Tool/Prop:
Wabenspot

Einstellungen:
F 13
1/200
ISO 100

Objektiv:
75 mm

Technik

Studioblitz mit Normalreflektor und relativ grober Wabe, um das Licht auf dem Model und gleichzeitig noch ein Streiflicht auf dem HG zu setzen. Die Kamerasettings hängen da natürlich von der Leistung der verwendeten Blitzanlage ab, hier waren es F 13, bei 1/200 sec und ISO 100. Drei kurze Bemerkungen hierzu:

1. Die ISO sind immer so niedrig wie möglich, oder so hoch wie erforderlich, um unnötiges, hohes Bildrauschen bei hohen ISO-Einstellungen zu vermeiden.

2. Die kürzestmögliche Verschlusszeit für Blitz wird bei meinen Canons mit 1/200 sec angegeben. Ich habe aber unter anderem bei diesem Bild festgestellt, dass bei meiner Studioblitzanlage dabei auf homogenen Flächen schon Abschattungen vom zu früh schließenden 2. Verschlussvorhang entstehen. Selbst bei 1/160 sec sehe ich schon eine leichte Abschattung. Bei allen heiklen Situationen und wenn sonst nichts dagegen spricht, nehme ich daher jetzt nur noch 1/125 sec als kürzeste Blitzsynchronzeit. Hier ist rechts schon eine leichte Abschattung erkennbar, die allerdings durch das Spotlight nicht sehr auffällig ist. Man muss eben alles immer hinterfragen, sogar Profikamerahersteller.

3. Sehr weit offene und sehr weit geschlossene Blenden haben eigentlich nie eine gute Allgemeinschärfe, u. a. wegen sphärischer Aberration bei offener und Beugung bei geschlossener Blende. Daher würde ich bei Sujets, die aus gestalterischen Gründen nicht eine extreme Blendeneinstellung erfordern, die Blende drei bis vier Stufen abblenden und nicht viel weiter. Das ergibt dann eine deutlich bessere Allgemeinschärfe, was sich gerade bei hochauflösenden Sensoren stark auswirken kann!

Bildbearbeitung

Farbtemperatur-, Kontrast- und Helligkeitsanpassungen in CR. Über eine Einstellungsebene *Gradationskurve* ist das Model ganz dezent aufgehellt. Eine duplizierte Bildebene darüber, deutlich aufgehellt in den Verrechnungsmodus *Weiches Licht* gesetzt, weichgezeichnet und mit 35 % Deckkraft versehen, ergibt einen etwas weicheren Look und diesen soften, sehr dezenten Glow. Zu guter Letzt habe ich noch mit einer *Einstellungsebene* die *Farbbalance* ganz wenig in Richtung Rot/Magenta verschoben, weil es mir einfach besser gefiel.

Styling/Make-up

Das Styling ist zwar durchaus speziell, tritt aber durch die Lichtführung ziemlich in den Hintergrund. Das Oberteil ist, glaube ich, aus dem Bauchtanzumfeld und die goldenen Shorts aus irgendeiner Boutique. Schwarze Legging darunter, die wir oben rausschauen ließen. Keinerlei Schmuck und kaum Make-up, um nicht abzulenken.

Bildaufbau und Wirkung

Alles Bildwichtige spielt sich in der unteren Hälfte des Fotos ab, aber der obere, ruhige und dunkle Bereich verstärkt die düstere Atmosphäre und ist somit extrem wichtig. Die Blickrichtung geht zur Lichtquelle hin – einerseits erreicht man dadurch eine stärkere Bildaussage, andererseits sieht es für meinen Geschmack einfach gut aus im Gesicht. Die dunklen Augen haben direktes Licht, es gibt keinen großen Nasenschatten zur Seite, die Lippen modulieren sehr schön und der Wangenknochen unterstützt den starken Gesamteindruck. Die in die Hüften gestützten Arme bilden zusammen mit dem Kopf und der kaum wahrnehmbaren Hose eine Art Raute, die sich perfekt in den oberen Rand des Lichtstrahls und den eigenen Schatten integriert und, unterstützt durch den extrem selbstbewussten Gesichtsausdruck, große Stärke symbolisiert.

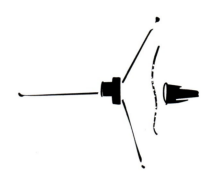

Licht:
Studioblitz

Special Tool/Prop:
Alufolie

Einstellungen:
F 13
1/200
ISO 100

Objektiv:
75 mm

Technik

F 4.0 mit 1/125 sec bei ISO 100 und 67 mm Brennweite. Das Ungewöhnlichste an diesem Bild ist sicher die Beleuchtung des Hintergrunds. Das ist allerdings nichts weiter als eine Projektion von einer Alufolie, in die ich mit einem Nagel Löcher gestochen habe. Materialbedingt werden diese dabei nicht kreisrund, sondern etwas unregelmäßig mit ausgerissenen Rändern und leichten Erhebungen. Da ich über ein sehr komplett ausgestattetes Fotostudio verfüge, haben wir aus reiner Bequemlichkeit einen optischen Spot für die Projektion benutzt und ein Striplight von der Seite für die Lichtkante. Eine sehr ähnliche Bildwirkung auf dem HG lässt sich aber auch mit einem Beamer oder einem alten Diaprojektor erzielen. Natürlich müssen dann die ISO-Werte und die Farbtemperatur dementsprechend angepasst werden. Die Farbsäume an den Lichtflecken entstehen übrigens ganz von alleine, durch chromatische Aberration der Linsen bei der Projektion. Auf eine allgemeine Aufhellung mit zusätzlichem Licht habe ich absichtlich verzichtet, um den Hintergrund nicht zu hell werden zu lassen, da dieser durch Streulicht schon genügend Zeichnung hatte. Stattdessen habe ich mit einer *Einstellungsebene* (mit entsprechender Maske) im PS nur die untersten Werte der *Gradationskurve* etwas angehoben, um das Gesicht nicht zu dunkel erscheinen zu lassen. Die Lichtkante im Gesicht entsteht durch ein rechts hinten senkrecht platziertes Striplight, wiederum rein aus Bequemlichkeit, um schnell und einfach zusätzliches Streulicht im Studio zu vermeiden. Auch dieses spezielle Licht kann durchaus mit einfachen Mitteln sehr ähnlich erzeugt werden, wenn man weiß, wie Licht funktioniert.

Bildbearbeitung

Bei der RAW-Konvertierung habe ich die Klarheit reduziert, bis mir die Überstrahlungen an den Löchern gut gefallen haben und die *Dynamik* habe ich deutlich angehoben, um die Farben zu verstärken. Die *Farbtemperatur* habe ich etwas in Richtung Blau verschoben. Im PS wurde die *Gradationskurve* (natürlich über eine *Einstellungsebene*) nur in den Tiefen angehoben und eine zusätzliche Ebene für das künstlich erzeugte *Rauschen* erstellt (graue, flächige *Smartobjektebene* mit angewendetem *Rauschfilter* im Verrechnungsmodus *Weiches Licht*), die ich danach noch ganz leicht weichgezeichnet habe. Für mich hat das die Glaubhaftigkeit eines so dunklen Bildes deutlich erhöht. Das Rauschen ist natürlich reine Geschmackssache und wäre mit der Studioblitzanlage definitiv nicht nötig gewesen.

Styling/Make-up

Das Make-up – dunkel geschminkte Augen und violetter Lippenstift – ist durch die extreme Lichtsetzung nicht sehr präsent und auch das Styling hält sich mit einem für meine Verhältnisse recht schlichtem goldenen Oberteil erkennbar zurück, um nicht von der exaltierten Lichtsetzung abzulenken, aber doch noch etwas Glamour zu suggerieren.

Bildaufbau und Wirkung

Die brünett leuchtenden Haare und das goldene Top bilden einen schönen, warmen, farblichen Gegenpol zum violettblauen Hintergrund und fallen doch kaum auf.

Früher wäre ein Blick direkt aus dem Bild hinaus von meinen Fotografie-Lehrern komplett und unisono abgelehnt worden. Der Blick brauchte nach Geschmack und Richtlinien von damals Platz im Bild und hätte in die andere Richtung gehen müssen. Viel spannender finde ich, dass man jetzt einfach nicht weiß, was das Model wohl außerhalb des Framings sieht. So ändern sich eben permanent die Zeiten und damit auch der Zeitgeist, die Ansichten und die Regeln. Man sollte sich davor hüten, solche Regeln blind zu akzeptieren. Für mich ist aber wichtig, dass ich eine plausible Argumentation für Ideen und Umsetzungen habe, die mich insgesamt auch selbst überzeugt.

18 Pferd

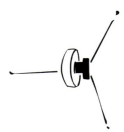

Licht:
Studioblitz

Special Tool/Prop:
Pferd

Einstellungen:
F 8
1/200
ISO 100

Objektiv:
58 mm

Technik

F 8 bei 1/200 sec, ISO 100 und 58 mm. Studio-Ringblitz mit 3000 Joule an externem Generator. Der Ringblitz macht im Prinzip ein extrem frontales Licht, das das Sujet sehr flach (nicht dreidimensional) und damit sehr grafisch erscheinen lässt. Bei diesem großen Abstand zum Sujet (ca. 10–12 Meter) verliert der Ringblitz einige Eigenschaften, die ihn im Studio bei deutlich kürzeren Aufnahmeentfernungen so charakterisieren: Hautpartien die frontal zur Kamera gerichtet sind, sind deutlich heller als die Seiten (Auflicht ist eben heller als Streiflicht) und der typische Schatten auf allen Seiten um des Sujet herum, der größer wird, wenn der Abstand Kamera/Sujet klein, und Sujet/HG größer ist. Hier ist es genau umgekehrt: Der Abstand von der Kamera zum Sujet, dicht vor dem HG platziert, ist sehr groß. Damit ist der Winkel vom physischen rechten Rand des Blitzes zum linken Rand des Sujets vor dem HG (und umgekehrt) sehr klein und hat einfach sehr wenig Raum, den Schatten wahrnehmbar zu erzeugen. Natürlich ist er vorhanden, aber eben relativ klein und daher kaum zu erkennen, was den Ringblitz für dieses Sujet zu einem sehr speziellen Licht macht. Hier macht dann auch ein sehr starker Ringblitz wirklich Sinn.

Bildbearbeitung

Allgemeine Farb- und Helligkeitsanpassungen in CR. Darüber hinaus ist der lokale Kontrast deutlich erhöht worden *(Klarheit +53)* bei gleichzeitiger Anhebung der Tiefen *(ebenfalls +53)* und Absenkung der *Schwärzen (-61)*. Die ersten beiden Schritte führen grundsätzlich zu einer erheblich besseren Durchzeichnung der schwarzen Kleidung und einer besseren Trennung vom Sattel, aber ohne die Absenkung der Schwärzen, würden diese verloren gehen und das Ergebnis hätte keine Tiefen mehr. Die *Lichter* sind zusätzlich abgesenkt *(-27)*, um eine bessere Zeichnung im Hintergrundstoff und im sehr hellen Pferd zu erhalten. In PS musste ich dann noch dem Sattel eine etwas andere Form geben, weil die Form ansonsten sehr merkwürdig aussieht, wenn jemand falsch herum darauf sitzt.

Styling/Make-up, Props

Das Styling stammt wieder komplett aus meinem Fundus, außer die Schuhe, die Trúc selber gehören. Die Bluse und die Jacke sind definitv vom Camden Market/London, während ich den Hut und die Hosen nicht mehr zuordnen kann. Ich wollte aber unbedingt dieses spanische Feeling und nicht ein „normales" Reiterinnen-Outfit, um den befremdlichen Eindruck noch zu verstärken. Make-up ist bei dieser Entfernung mehr oder weniger nebensächlich, schlichtes Grooming reicht hier vollkommen aus.

Bildaufbau und Wirkung

Ein Pferd mit einer Reiterin ist ja eigentlich ein recht vertrautes Bild, aber als Fotoinszenierung, aufgebaut in einer Reithalle, so schlicht und grafisch wie möglich, mit einer stolzen Reiterin verkehrt herum auf dem Pferd sitzend, ist dann doch etwas irritierend, und das ist ja auch genau die Intention des Bildes.

Ein Pferd aufzutreiben, dass so still stehen bleibt, in die richtige Position dirigierbar ist und es sich gefallen lässt, wenn eine Reiterin falsch herum oben sitzt, ist nicht leicht. Ich unterstütze aber mit meiner Arbeit immer wieder einen Verein, der karitativ mit Therapiepferden arbeitet (die daher wirklich extrem gutmütig und geduldig sind) und dieser Verein hat mich hier dankeswerter Weise sehr unterstützt. Ich denke, dass ich diese Aufnahme, deren Idee dafür ich schon sehr lange in mir trug, sonst nicht hätte machen können. Es ist also wirklich wichtig, seine Ideen zu verfolgen, nicht locker zu lassen, wenn es schwierig wird und an deren Realisierung zu arbeiten.

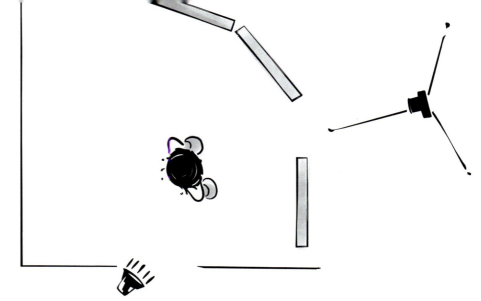

Licht:
Studioblitz

Special Tool/Prop:
sehr große Styros

Einstellungen:
F2
1/125
ISO 100

Objektiv:
135 mm

Technik

F 2,0 bei 1/125 sec, ISO 100 und 135 mm. Eine einzige, links hinten, relativ weit vom Model entfernt stehende Lampe mit Normalreflektor reicht für dieses Licht aus. Allerdings sind sehr viele, dicht am Model stehende, weiße Reflexionsflächen nötig, um diese starke Aufhellung zu erhalten. Je weiter weg die Lampe positioniert ist und je dichter dran die Aufhellflächen stehen, desto weniger stark der Kontrast. Der Spalt wird von zwei sehr großen Styroporplatten (Baumarkt) gebildet, die gleichzeitig als Aufheller fungieren.

Die Blende ist ganz geöffnet, um die nötige Unschärfe in der Tiefe zu erhalten und dementsprechend niedrig ist die Leistung des Blitzes eingestellt.

Bildbearbeitung

Um den etwas schutzigen Look zu bekommen, ist die *Klarheit* in CR am Anschlag, die *Tiefen* sind deutlich angehoben, aber die *Schwärzen* wieder herabgesetzt, um ein echtes Schwarz im Bild auf keinen Fall zu verlieren. Die *Lichter* konnten neutral bleiben, weil ich ohnehin für diesen Look schon sehr hell belichtet habe. Die *Dynamik* ist deutlich reduziert, was einer *Farbsättigungsreduktion* in den eher reichlich gesättigten Bereichen entspricht. In Photoshop war dann nur ein Feintuning und etwas Hautretusche nötig.

Styling/Make-up

Natürlich ist das alles kein richtiges Boxsport-Styling, aber wer weiß schon, wie das genau aussehen muss, außer BoxerInnen und schließlich machen wir hier ein auch Fotoprojekt und keine Dokumentation. Wenn es für den großen Rest der Bevölkerung glaubhaft genug ist (die Assoziation mit Boxen reicht ja schon und dafür sind die Boxhandschuhe ja schon mehr als auffällig), ist es mir recht. Die nassen Haare und ein paar Spritzer Wasser im Gesicht sind aber sicher sehr hilfreich, um die Assozioation mit einem Boxtraining zu erreichen (Achtung, häufig gesehener Fehler: Man schwitzt vom Haaransatz her, also nicht nur die Haarspitzen nass machen!).

Schrift im Bild ist immer zu hinterfragen, weil sie beim Betrachten den Blick einfach magisch anzieht. Das menschliche Gehirn ist normalerweise sehr neugierig und man will einfach wissen, was genau da steht. Schrift lenkt also sehr oft vom Wesentlichen ab. In diesem Falle finde ich aber, dass es wichtig für die Bildwirkung ist, weil diese Firma für boxing steht. Dazu habe ich einfach Verpackungsmaterial einer großen Sportfirma zerschnitten und an die Wand geklebt. Die Taue sind aus dem Baumarkt.

Bildaufbau und Wirkung

Obwohl der Blick im ersten Moment etwas leer und ausdruckslos wirkt, wie nach einem harten Training, vermittelt er dennoch echte Stärke und Selbstbewusstsein. Für mich liegt es daran, dass wir als Betrachtende des Bildes quasi wie Paparazzi durch eine offene Tür oder einen Spalt auf die Szene blicken, also aus einer gewissen Deckung heraus und die „Boxerin" uns sehr stark fixiert. Auch trotz der körperlich etwas fertigen Haltung (hängende Schultern, Hemd aus der Hose, Hände sehr weit unten, total offene Deckung, völlig verschwitzt etc.), signalisiert die ganze Ausstrahlung sofortige Kampfbereitschaft und fast schon eine Art Unbesiegbarkeit, weil eben eine Deckung offenbar gar nicht nötig ist.

Dass man eindeutig eine Trainingssituation assoziiert, liegt an der sehr hellen Umgebung. Eine Wettkampfszene würden die meisten Menschen wohl eher mit einem grellen Boxring, aber einer sehr dunklen Halle im Hintergrund verbinden. Trúc und mir – als eher pazifistisch eingestelte Philantropen – ist eine echte Boxszene auch schwer zumutbar, weshalb wir uns auf „Training" beschränkt haben. Das ist ja quasi nur Fitness!

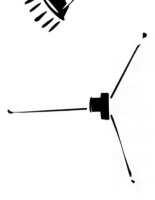

20
60s

Licht:
Akkublitz + Location

Special Tool/Prop:
Kombination
Styling/Location

Einstellungen:
F 8
1/50
ISO 2.000

Objektiv:
52 mm

Technik

Bei dieser Aufnahme ist die (richtige) Mischung einer Blitzlampe mit dem vorhandenen Licht die entscheidende Voraussetzung für die technische Unterstützung der Bildwirkung. Eine einzige Blitzlampe mit kleinem Reflektor von der Kamera aus gesehen rechts oben vor dem Model platziert, reicht hier vollkommen aus. ISO 2.000 in Verbindung mit dem available light ergaben eine Zeit-Blendenkombination von 1/50 bei F 8. Für Anfänger ist es wohl am Einfachsten zunächst einmal eine Belichtung nur mit available light zu machen, damit in den Schattenbereichen (die ja nur durch dieses Licht beeinflusst werden) genug Zeichnung ist. Die Belichtungszeit sollte hier nicht zu lang (Verwacklungsgefahr durch die Kamera und auch durch das Model in den Schatten) und nicht zu kurz sein (kürzestmögliche Blitzsynchronzeit bei Lamellenverschlüssen beachten). Die Blende habe ich so weit geschlossen, bis mir die Schärfentiefe ausreichend erschien. Damit ergab sich zwangsläufig die relativ hohe ISO 2.000 Einstellung für eine gute Belichtung in den Schatten. Das resultierende Bildrauschen macht mir in der Regel selten etwas aus. Im Gegenteil, oft finde ich eine leichte Struktur ganz reizvoll.[*] Die Helligkeit des Blitzes und damit des Hauptlichts kann jetzt nur mehr über die Leistung (evtl. dem Abstand zum Sujet) angepasst werden.

Bildbearbeitung

Da das available light und der Blitz nicht dieselbe Farbtemperatur hatten, habe ich in CR nur das Mischungsverhältnis zwischen diesen angepasst. In PS habe ich die Bildebene verdoppelt, in den Verrechnungsmodus *Weiches Licht* gesetzt und weichgezeichnet. Das erhöht den *Kontrast*, sättigt gleichzeitig die Farben und gibt dem Ganzen einen sehr angenehmen, weichen Glow.

Styling/Make-up

Das 60er Jahre Kleid, die runde Retro-Hippiebrille und die altmodische, biedere Handtasche, die auch meiner Oma gut gefallen hätte, in Kombination mit der Amy Winehouse Frisur und dem kühlen Hintergrund (HG) zitieren die 60er Jahre und bringen dennoch einiges durcheinander. Gut so!

Bildaufbau und Wirkung

Das Auffälligste ist der extreme Farbkontrast zwischen Kleid und HG, der das Model sehr klar, aber elegant vom HG löst. Erst auf den zweiten Blick wird deutlich, dass sich sonst keine weiteren Farben im Bild befinden – nur noch Schwarz-, Weiß- und Grautöne. Zudem haben wir auf dem Kleid durch die Lichtsetzung viele kleine Strukturen betont: Nähte, Knöpfe, Falten, etc. Gleiches gilt für das Model selbst, etwa bei den Muskeln und dem Glanz in den Haaren. Der Rest im Bild ist fast nur flächig gehalten. Ein genügend großer Abstand vom Model zum HG bewirkt, dass der Schatten vom Model erst außerhalb des Bildes auf den HG fällt – ganz entscheidend für die grafische Wirkung.

Die Spiegelungen weiterer Lichtbänder in der Brille lassen die Bildwirkung noch exaltierter wirken und der tiefe Kamerastandpunkt (unterhalb der Hüfthöhe) lassen das Model zudem groß und selbstbewusst erscheinen. Die Pose wäre noch mehr Swinging Sixties, wenn das Modell den Kopf nach rechts in die Gegenrichtung des Moves gedreht hätte und der Ausfallschritt noch größer wäre. Mir waren aber die Reflexe in der Brille, die fast wie längliche Sehschlitze aussehen erheblich wichtiger und das Kleid fiel bei einem größeren Ausfallschritt nicht mehr schön. Alles kann man manchmal einfach nicht haben. Schade eigentlich.

[*]Anmerkung zum Bildrauschen:
Die oft schon ins Hysterische gewachsene Angst vor leichtem Bildrauschen irritiert mich sehr. Bevor ich auf ein gutes Bild verzichten muss, weil die Gegebenheiten nach höherer ISO Einstellung verlangen, lebe ich gerne mit ein wenig Rauschen! Moderne Sensoren verzeihen diesbezüglich eh schon sehr viel. Dazu hilft noch ein guter Rauschfilter das Ärgste zu minimieren und das Restrauschen stört mich dann wirklich nicht. Immer wieder setze ich Rauschen auch als Stilmittel absichtlich ein.

21 Trockenhaube

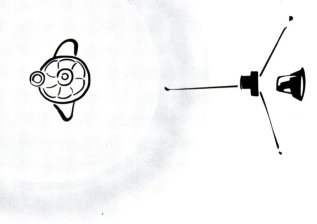

Licht:
Studioblitz

Special Tool/Prop:
Kleiner Stabblitz

Einstellungen:
F11
1/125
ISO 100

Objektiv:
130 mm

Technik

F 11 bei 1/125 sec mit ISO 100 und 130 mm Brennweite. Studioblitz mit 2 Lampenköpfen. Hier kann man sicherlich nicht im herkömmlichen Sinne von einem Hauptlicht sprechen, weil das Licht, welches die Szenen eigentlich ausleuchtet, sehr weich und indirekt hinter der Kamera platziert ist. Ohne dieses Licht wäre das Model und der oben auf der Trockenhaube sitzende Föhn vorne zu dunkel. Für so extrem weiches Licht, das überhaupt nicht auffallen soll, muss man eine extrem große Fläche ausleuchten, damit das Licht von ganz vielen verschiedenen Seiten auf das Sujet fallen kann, wodurch sehr weiche Schatten und nur relativ wenig Kontrastmodulation und Dreidimensionalität entsteht. Dadurch bleibt diese Art der Beleuchtung für die Bildwirkung stark im Hintergrund, selbst wenn sie noch relativ hell ist, weil sie so normal erscheint. Dadurch kann das zweite, bildbestimmendere Licht mehr auffallen: ein kleiner, hinten unter der Haube platzierter Lichtstab.*

Bildbearbeitung

Farbtemperatur-, Kontrast- und Helligkeitsanpassungen in CR.

Styling/Make-up

Ich denke, dass das Styling in diesem Falle selbsterklärend ist. Flohmarkt.

Bildaufbau und Wirkung

Die schon an sich seltsam aussehende Tockenhaube bekommt durch das hinten, innen, oben angebrachte Licht vor dem schwarzen HG einen sehr leichten, aber dennoch befremdlich aussehenden Look, der mich persönlich an eine auf dem Kopf sitzende Qualle erinnert. Dass sie leicht schief sitzt, unterstützt die Absurdität der Situation. Der irgendwo zwischen erwartungsvoll und entspannte Ausdruck (ohne dass man die Augen sehen kann) des Models in Kombination mit den leicht hängenden Schultern steigert den Eindruck zusätzlich.

Eine kurze Anmerkung noch zu Mode und Zeitgeist: Diese Art Trockenhauben, waren wirklich mal modern und weit verbreitet, was heutige Kommentare durchaus belegen, und niemand hat sich daher etwas dabei gedacht. Heute wirken sie ziemlich lächerlich und man sollte daher ruhig einmal überlegen, was heute gerade aktuell ist, aber morgen vielleicht lächerlich erscheinen könnte! Aus meiner inzwischen langjährigen Erfahrung mit wechselnden Moden und Trends kann ich sagen, dass je extremer und angesagter eine Mode aktuell gerade ist, desto komischer kommt sie einem vor, wenn sie wieder vorbei ist!

*Dieser hat zwar eine Schutzglocke, ist aber mit immerhin 3.000 Joule belastbar. Das bedeutet, dass ich, bevor ich einem Model den direkten Hautkontakt mit dem Schutzglas einer solchen Blitzröhre zumute, selbst an mir austeste, ob die entstehende Wärme ertragbar ist, wenn sie auf der Haut abblitzt!

22
Gegenlicht Portrait mit Hoodie

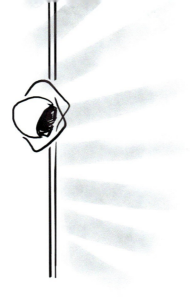

Licht:
Available Light

Special Tool/Prop:
Mut zu Gegenlicht

Einstellungen:
F 6,3
1/125
ISO 100

Objektiv:
100 mm

Technik

Available Light bei F 6,3 bei 1/125 sec und ISO 100 mit 100 mm. Auf die Schatten belichtet, beziehungsweise deutlich heller, als Belichtungsmesser angeben würden. Selbstverständlich kann man den Belichtunbgsmesser bei dieser Art der Lichtführung komplett vergessen. Dass sämtliche Belichtungsautomatiken bei mir immer ausgeschaltet sind, versteht sich von selbst. ETTR (*expose to the right,* also die Lichterseite im Histogramm zu präferieren) führt hier zu genau gar nichts – so viel wieder mal zu Regeln. Motivabstand 2 m bei einer Brennweite von 100 mm und sehr tiefem Standpunkt.

Bildbearbeitung

Hier sind in CR und PS wieder nur Anpassungen in Bezug auf *Farbtemperatur, Tiefen, Lichter, Gesamtkontras*t und lokaler *Kontrast (Klarheit)* vorgenommen worden. Die Angabe der genauen Einstellungen bringen hier absolut nichts, da bei einem so extremen Gegenlicht bereits minimalste Änderungen vom Grad der Überstrahlung (bei der Aufnahme selber) gewaltige Änderungen der Parameter nach sich ziehen, um diesen weichen Look zu bekommen. Die o. a. Kameraparameter sind also genauso sinnlos, wie ETTR (s. o.) und würden nur in die Irre führen. Da hilft nur ausprobieren.

Styling/Make-up

Einfacher geht es nicht. Mit Ausnahme der Brille ist es das, was Trúc an diesem Tag getragen hat. Ein graues Hoodie mit ein paar wenigen, dezenten Applikationen. Und dazu eine Sonnenbrille aus meinem Fundus. Ein Geländer vor irgendeinem Haus am Rande irgendeiner Straße, das gut funktioniert, um diese Perspektive von unten mit der Sonne neben dem Model zu erhalten – und viel überbelichteter Himmel.

Bildaufbau und Wirkung

Normalerweise mag ich eine ziemlich mittige Anordnung bei Portraits nicht so gerne, weil sie relativ wenig Spannung ergibt. Aber hier passt gerade das gut zum etwas gelangweilten Gesichtsausdruck und der Haltung, die im Prinzip auch absolute Ruhe ausdrückt. Die dunkle Sonnenbrille und die dunklen Haare ziehen den Blick fast schon magisch an, was durch die ansonsten sehr hellen, übrigen Töne (Himmel, Geländer, Hoodie, Haut) noch stark unterstützt wird und eine sehr starke allgemeine Ruhe erzeugt. Die sich in der Brille spiegelnde Häuser- und Straßenszene ist das Einzige belebende Element überhaupt in diesem Bild. Die überstrahlende Sonne inklusive der Blendenflecken erzeugen trotz komplett weißem Himmel eine warme Atmosphäre, zu der der leicht rötliche Gesamtfarbstich noch weiter beiträgt.

Für interessante Fotos, braucht es oft nicht viel: Vor allem aber keine Regeln. Immer mal wieder mit allem brechen, was einem die anderen so erklärt haben. Sonst kommt nie einmal etwas Neues oder Anderes heraus. Wie denn auch?

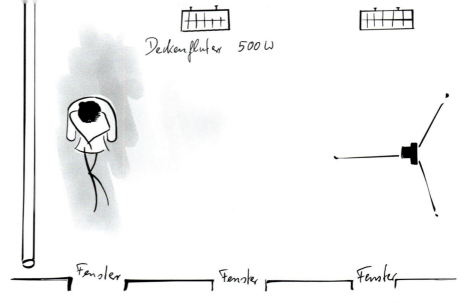

23 Biedermeier Fauteuil

Licht:
Available Light

Special Tool/Prop:
Biedermeierfauteuil

Einstellungen:
F4,5
1/30
ISO 800

Objektiv:
120 mm

Technik

F 4,5 bei 1/30 sec, ISO 800 und 120 mm. Available light mit Tageslicht von links und Kunstlicht von rechts bei automatischem Weißabgleich.

Bildbearbeitung

Minimale Anpassungen von *Farbton, Belichtung und Klarheit (-8)* in CR. In PS habe ich die Lichtrichtung etwas unterstützt, indem ich eine *Gradationskurve* in einer *Einstellungsebene* angehoben und dann nach unten hin verlaufend maskiert habe.

Styling/Make-up

Model's own außer Schuhe und Biedermeierfauteuil (beides aus dem Fundus des Photografen). Kein Make-up, normale Haare.

Bildaufbau und Wirkung

Hier ein Beispiel für ein Ganzkörperportrait ohne großen Aufwand, was man schon aus den wenigen, oberen Angaben ersehen kann. Der HG hing noch vom letzten Shooting, passte zum Kleid und ich fand, dass das untere Ende der Rolle einen schönen Bruch mit der sehr aufgeräumten Szenerie gibt. Der HG ist nicht einmal am Boden angeklebt und „flattert" lose und ungleichmäßig. Das eingerissene Stück und die Klebebandreste verstärken den Studioeindruck und vermitteln eine gewisse laissez-faire Haltung. Die sitzende Position sieht extrem entspannt aus und konterkariert jede Form von Posing, obwohl es natürlich nichts Anderes ist. Sehr reduziertes Styling und Verzicht auf Make-up verstärkt den Eindruck eines sehr natürlichen Portraits noch glaubhafter.

Der Kamerastandpunkt ist extrem tief (nur wenige Zentimeter über dem Boden) und unterstützt in keiner Weise irgendeine Form von Dreidimensionalität, sondern lässt die ganze Szene sehr flach erscheinen. Die Beine des Sessels sind kaum voneinander zu unterscheiden und wir bekommen auch keinerlei Informationen über die Tiefe des Fauteuils. Auch das sehr weiche Licht drängt sich nicht modulierend in den Vordergrund, sondern lässt die grafische Wirkung voll zur Geltung kommen. Für genau diese ruhige, grafische Wirkung sind einige Punkte verantwortlich, die man bei der Bildkomposition beachten kann, aber wahrscheinlich eher intuitiv macht (jedenfalls ist das bei mir so und ich merke es erst hinterher, wenn ich so etwas analysierend beschreibe, so wie hier).

Der Boden und die Hintergrundrolle sowie der Unterboden und die Sitzfläche sind parallel zum oberen und unteren Bildrand. Der Unterarm und Oberschenkel vom vorderen Bein sind fast parallel zur Armlehne. Der Unterschenkel, die vorderen Beine des Fauteuils und die Rückenlehne haben ebenfalls eine sehr ähnliche Richtung. Die Diagonale des Fauteuils und die Diagonale des Models haben auch die gleiche Richtung und zwar von unten links nach oben rechts. Das ergibt eine Linienführung, die unserer Abtastgewohnheit von Bildern diametral entgegensteht und lässt uns so das Bild länger betrachten. Zu guter Letzt ist am oberen Ende das helle Gesicht wieder in die Gegenrichtung geneigt, was beim Betrachten den Blick fast schon zurück ins Bild führt.

Zusätzlich bilden die dunklen Strümpfe und die dunklen Haare zwei Schwerpunkte, die zwar etwas auseinanderliegen und fast genau 90° zueinander stehen, die aber durch das graue Kleid und den Fauteuil logisch miteinander verbunden sind.

Nochmal zur Beruhigung: Ich habe keine dieser Überlegungen bewusst getroffen, als wir das Foto aufgenommen haben, wohl aber die Sitzposition und den gesamten Bildaufbau sehr genau eingerichtet, bis es mir gut gefiel. Der eigene Geschmack entwickelt sich über die Zeit, wenn man sehr viel arbeitet und sich dabei immer wieder in Frage stellt. Oder wie ich es meinen Studenten immer wieder sage: Machen, machen, machen.

Licht:
Studioblitz

Special Tool/Prop:
Weiches Gegenlicht

Einstellungen:
F 1,5
1/100
ISO 100

Objektiv:
28 mm

Technik

F 4,5 bei 1/100 mit ISO 100 und 28 mm. Studioaufnahme mit Studioblitz vor weißem Hintergrund. Rechts und links, etwas hinter dem Model sind je eine Blitzlampe mit Softboxen, um einfach ein relativ gleichmäßiges Licht auf den Hintergrund zu werfen (mit Normal- oder Weitwinkelreflektoren hat man schneller Hotspots und hartere Übergänge zu nicht beleuchteten Bereichen). Dabei sollte man darauf achten, dass die Softboxen möglichst im rechten Winkel auf den HG leuchten und so dicht wie möglich am Model positioniert sind, da sie sonst schnell direktes Licht auf dieses abgeben würden, was dann deutlich anders aussehen würde. Mein Studio hat weiße Wände, eine weiße Decke und einen sehr hellen Holzboden, wobei das Model zudem noch auf dem weißen HG steht. Dadurch wird genug Licht von praktisch allen Seiten sehr großflächig auf das Model zurück reflektiert und das Model bekommt genug „Aufhellung". Die Belichtung wird dabei so gewählt, dass selbst die Schattenseite noch sehr hell erscheint. Ich betone beim Unterrichten sehr oft, dass Belichtungsmessen nur für Verlierer ist, und diese Lichtsetzung ist wieder ein Paradebeispiel dafür. Interessante Beleuchtungen sind quasi nicht mehr vernünftig auszumessen und selbst wenn, besteht immer noch die Frage, ob die Gesamthelligkeit wirklich überzeugen kann, so, wie sie der Belichtungsmesser vorschlägt.

Teilweise verschwimmen hier schon Kanten mit dem Hintergrund und meine eigenen Fotolehrer hätten mir das vor Jahren niemals durchgehen lassen. Ich liebe aber ganz offensichtlich Gegenlicht, auch ruhig mal etwas mehr und wenn dabei etwas ausreißt, stört mich das wirklich nicht. Sonst würde ich das ja ändern.

Bildbearbeitung

Mit den Tiefen- und Lichterreglern, sowie ein wenig *Klarheit* in CR den Kontrast anpassen. Je nach den speziellen Gegebenheiten, können die Einstellungen dabei auch ziemlich extrem sein. In PS habe ich über eine *Einstellungsebene Gradationskurven* den Schwarzpunkt im *Verbundkanal* unten auf der x-Achse deutlich nach rechts verschoben, um die nötigen Tiefen zu erhalten und gleichzeitig für einen etwas wärmeren Eindruck den Blaukanal leicht abgesenkt.

Styling/Make-up

Der Hosenanzug ist schon etwas sehr Spezielles und aus einem Second Hand Laden. So etwas ist in der Regel auch nicht sehr teuer, weil das eigentlich keiner haben will. Bei solchen Sachen also immer mal schnell zuschlagen! Schuhe, wie diese, sind auch sehr selten zu finden, stammen aber in diesem Fall aus einem ganz nomalen, großen Kaufhaus (sind auch im Bild mit den projezierten Lichtkreisen abgebildet). Solche Gelenheiten lasse ich nie aus, auch wenn ich oft nicht weiß, was, wann und ob ich jemals etwas damit anfangen kann. Die Brille ist wiederum ziemlich unspektakulär, passt aber für mich gut.

Bildaufbau und Wirkung

Abgesehen vom grünen Hosenanzug, der sich durch seine Farbe und seinen unorthodoxen Schnitt naturgemäß in den Vordergrund drängt, fallen natürlich die Zöpfe und die daran spielenden Hände ins Auge. Ganz wichtig für den Gesamteindruck ist aber auch der sehr nahe, relativ hohe Standpunkt zum Model, der durch den angehobenen Kopf eine nicht vorhandene Untersicht suggeriert, aber die extreme Aufsicht auf die Füße ergibt. Da diese intiutiv zu den Beinen gehören, wirken diese länger, als sie aus dieser Perspektive eigentlich aussehen würden.

no
idea
?

here are 365+
ways to find a new one